마음에서 길을 찾다

# 마음에서 길을 찾다

1판 1쇄 발행 | 2018년 2월 5일
1판 2쇄 발행 | 2023년 1월 10일

지은이 | 박용진  김민경
펴낸이 | 신중현
펴낸곳 | 도서출판학이사

출판등록 : 제25100-2005-28호
주소 : 대구광역시 달서구 문화회관11안길 22-1(장동)
전화 : (053) 554~3431, 3432
팩스 : (053) 554~3433
홈페이지 : http:// www.학이사.kr
전자우편 : hes3431@naver.com

ISBN _ 979-11-5854-121-7  03810

# 마음에서 길을 찾다

위대한 글에서 발견하는 위대한 자신

박용진 김민경 · 편찬

學而思 | 학이사

창조주가 하나님 한 분 뿐이라면
누가, 무슨 이유로 세계에 그 많은 종교를 만들었으며,
오늘날과 같이 널리 알렸을까요?

예수님, 석가모니 부처님 등 대지도자는
종교인이 아니었으며,
대학에서 종교를 배운 적도 없는
종교의 아마추어다.
어떻게 그분들의 가르침에서
프로 종교 전문가들이 탄생하였는지,
다시금 생각해 보게 한다.

예수님, 석가모니 부처님의 가르침은
같은 진리를 그 시대의 배경에 따라
다른 방편으로 설법했을 뿐이다.
그 당시 설교와 설법의 대상은

대부분 무학無學 문맹자들이어서
결코 어려운 학문도, 철학도 아니었다.


  석가모니 부처님은 중생들의 마음을 구제救濟하라
하셨지 선조공양, 기복불교, 장의불교, 의식불교,
진언불교, 관광불교 등을 가르친 일이 없다.
  중생들의 뒤틀린 마음, 질투·비방하는 마음, 우치의
마음, 이기적인 마음, 욕심 많은 마음을 구제하라고
알기 쉬운 말씀으로 가르쳤다. 석가모니 부처님의
가르침은 아쇼카왕(BC232~268)까지는 큰 오차 없이
전파되었다고 한다.


  예수님께서는 마음을 중심으로 살아야 된다고
마태복음 6장 33절에 "너희는 먼저 그의 나라와 그의
의義를 구하라. 그리하면 이 모든 것을 너희에게
더하시리라."고 가르쳤다.

또한 중생들에게 석가모니 부처님은 자비를,
예수님은 사랑을
말씀과 행동으로 가르쳤다고 한다.

현대 종교는 조직력에 중점을 두고 있어서
자신의 마음을 곧잘 잃게 될 수 있다.
조직의 직책 등이 마음에 걸림돌이 되며
때로는 동료 사이에 경쟁자 의식이 생기게 되는
것이다.

그리고 조직의 세포가 되어 점점 자기를 잃게 되며
광신, 맹신자로 변해가면서 교리나 설교에 대한
의문 추구를 하지 않게 된다.
결국 신성·불성의 불꽃이 꺼져버린 맹신자로 변할
수 있다.

사랑, 용서, 겸손, 이웃과의 조화, 남을 위해 도움이
되는 일상생활을 무시하고 예수님을 신으로 받들고
숭배만 한다면 이런 신앙은 예수님을 계속 십자가에
매다는 행위가 되지 않겠는가?


　이제는 바른 신앙에 대한 성찰이 필요한 때이다.
이제는 깨어야 할 때이다.
예수님, 석가모니 부처님
원래의 가르침으로 돌아갈 때이다.


2023년 초봄에
박용진, 김민경

| 차례 |

# 2부 시간은 우리를 기다려 주지 않는다

# 3부 마음, 우주 생명과 상통하는 인간의 본성

# 4부 위대한 지혜의 보고寶庫를 여는 방법

# 5부 올바른 자신을 확립하는 길

# 1부

# 모든 일은 섭리攝理를 따라야 한다

마음껏 길을 찾다

# 신앙信仰

신앙은 어디에 있을까?

멀리에 있지 않다.

본래 우리의 일상생활 안에 있다.

선한 마음을 따라 바르게 생활하는 것,

그것이 신앙이다.

인간은 천국도 지옥도 만들 수 있으나,

동물과 식물은 이런 능력이 없다.

이 점을 이해하면 신앙 본연의 모습을 확실히
알게 된다.

생활 자체가 신앙이 되면

인류는 모두가 친구가 되고 형제가 되어 서로 손을
잡고, 정답고 평화롭게 살아갈 수 있을 것이다.

그러나 세계 곳곳에서 무자비하고 잔혹한 종교 전쟁은
지금도 지속적으로 일어나고 있다.

자신들의 신神이나 신앙을 지키기 위해서 전쟁을
한다지만 상식적으로 이해할 수가 없다.

그들의 신앙에는 내 것만이 옳다는 좁은 마음, 그리고
배타로 가득 차 있기 때문이다.

하나님이라고 하면 거부 반응을 일으키는 불교인,

불교라고 하면 알레르기 반응을 일으키는 기독교인,

그런 편견을 가진 신앙인이 많으면

범凡종교의 공통 목적인 지상천국(낙원) 건설은
불가능할 것이다.

사랑과 자비가 없는 신앙, 그것이 우리 삶에 어떤
영향을 미칠 것인가?

다시 한 번 되돌아봐야겠다.

# 종교

종교는 봉사하는 것이다.

부모나 형제, 이웃 등에 봉사를 하는 것이 신神에게
봉사하는 것이다.

본래 종교는 지상의 세속적 개념과 거의 관계가 없다.

인간의 영혼에 내재하는 신성神性을 일상생활 속에서
발휘시킴으로 신의 마음을 알게 하는 것이다.

자기와 신神과의 연결, 자기와 이웃들과의 유대를
강화하는 것이 되어야 한다.

자신을 어떠한 교리나 이념 속에 가두어 놓지 말고
타인에게 도움이 되도록 도와주는 것,

즉 형편이 어려운 사람은 경제적으로 도움을 주고,
고통, 슬픔이 있는 사람을 위로해 주는 것이 종교
본연의 모습일 것이다.

교리敎理나 의식儀式, 제전祭典, 그 외의 조항별로 이것
하라 저것 하라는 것 등은 꼭 필요한 것인지 의문을
가지게 하며 그 심각성에 대하여 고민해야 한다.

# 위대한 참 자신을 발견하는 길

다른 사람들에게 해를 끼치지 않고, 자신보다는 남을 먼저 생각하고 위하는 사람들은 마음이 평화롭다.

그들은 쉽게 화를 내지 않으며, 처음 보는 사람에게도 친절한 미소를 아끼지 않는다. 그런 행동은 고요하고 평온한 마음에서 비롯된다.

마음을 거스르는 행위나 나쁜 생각, 나쁜 행동을 피하고 좋은 생각과 좋은 일을 행하면 마음이 정화되어 빛을 발한다. 석가모니 부처님께서 여덟 가지의 바른길을 제시하여 많은 사람들에게 마음의 평온과 깨달음을 안겨주었다.

여덟 가지의 바른길을 마음의 기준으로 삼고 생활하여
전생에서부터 쌓아온 자신의 카르마(업보·원죄)를
수정하여 마음의 조화를 이룰 때 비로소 내재된 힘과
능력을 발휘하여 마음의 빛을 밝힐 수 있다.

여덟 가지의 바른길은 바르게 보고, 바르게 생각하고,
바르게 말하고, 바르게 일하고, 바르게 생활하고, 바르게
노력하고, 바르게 염원하고, 바르게 반성하는 것이다.

바르게 본다는 것은 사물의 바깥이 아닌 내면을
들여다보고 진실을 알아보는 눈을 말한다. 선입관을
가지고 사람이나 사건을 바라보는 것이 아니라 객관적인
시선으로 바라보는 마음, 육체의 눈으로 세상을 바르게
보기 위해서는 눈을 깨끗이 하는 것보다 마음을 더
깨끗이 해야 한다. 마음이 비뚤어져 있으면 세상 또한
비뚤어진 모습으로 수용되고 인식하게 된다.

바르게 생각한다는 것은, 이 세상의 모든 사물은
생각에서 시작되었고 생각이 형상화되어 만들어진
작품들이다. 누군가 기록하고 싶다고 생각하지 않았다면
문자는 없었을 것이고, 날고 싶다고 생각하지 않았다면
비행기를 만들지 못했을 것이다. 만일 당신이 어떤
사람을 죽도록 미워해서 그 사람이 교통사고를

당하거나, 어디서 떨어져 죽었으면 좋겠다는 생각을
한다면 그 사람과의 관계는 점점 나빠지게 되고
결국에는 미워했던 만큼의 과보가 자신에게로 다시
돌아올 것이다.

　바르게 말한다는 것은 말을 솔직하고 바르게 해야
한다는 것이다. 우리는 하루에도 셀 수 없을 정도로 말을
많이 한다. 말이 많은 만큼 말이 짓는 악업은 크고
심각하다. 거짓말, 꾸미는 말, 아첨하는 말, 상반되는 말,
상스러운 말, 모함하는 말, 가슴 아프게 하는 말 등
그중에는 의도하지 않았지만 상대방을 평가하거나,
개인적인 비밀을 다른 사람에게 옮겨서 싸움을 일으키는
경우도 있다. 말은 마음을 알리는 수단이기 때문이다.

　바르게 일한다는 것은 일에 자부심을 가지고 자신의
열정을 쏟아 일하는 마음, 어떤 일을 하든지 감사하는
마음으로 일해야 한다. 일에는 귀천이 없다. 사람은
저마다의 그릇에 맞는 일을 하면서 전체의 조화를
이루고 있다. 삼라만상이 다 그렇다. 최선을 다해서 일할
때 최고의 행복과 만족을 느낄 수 있는 것처럼 일은 삶을
행복하게 해주는 매개체이다.

　흔히들 "먹고 살기 위해 이 짓을 하지, 돈만 있다면

뭐가 아쉬워 이런 일을 하겠어. 돈만 벌면 당장 때려치울 거다.”라고 말하곤 한다. 일은 생활을 하기 위한 수단도 되지만 일을 통해 얻는 것은 봉사와 협동과 조화의 정신이다. 일을 통해서 책임과 협동의 마음을 길러야 한다. 그럴 때 노사의 분쟁도 없어진다.

　바르게 생활한다는 것은 조화로운 생활태도를 말한다. 조화로운 삶을 살기 위해서는 먼저 현실에 만족할 줄 알아야 한다. 눈에 거슬리지 않고 유유히 흘러가는 상태를 자연스럽다고 말한다. 자연은 결코 조화를 깨뜨리지 않는다. 수많은 먹이사슬 속에서 먹고 먹히지만 그것은 전체의 조화를 유지하기 위한 먹이 활동이지, 과욕은 절대로 아니다. 자신의 조화를 이루기 위해서는 자신을 엄격하게 바라보는 태도가 있어야 한다. 자기 성찰을 통해서 성격의 장·단점과 습관을 깨닫고 수정하거나 더욱 발전시킬 수 있다.

　바르게 노력한다는 것은 가족과 사회의 단체 생활을 하면서 타인과의 관계를 조화롭게 하는 것을 말한다. 사람은 결코 이 세상을 혼자 살아갈 수 없다. 세상에 태어나자마자 부모님과 가족이라는 단체에 소속되고, 자라면 학교와 직장 등 단체생활을 하게 된다.

가족이나 친구, 자신과 가까운 사람은 자신의 참모습을
비추는 거울과도 같은 존재다. 다른 사람의 말과 모습을
보면서 자신의 장점, 단점, 성격 등을 깨달을 수 있다.
자기 우월주의에 빠진 사람들은 대개 자신의 모든 것을
소중하게 생각하기 때문에 다른 사람들에게 열려 있지
않다. 자신감은 살아가는데 아주 중요한 것이지만
자칫하면 다른 사람은 물론 자신에게 해를 끼칠 수 있다.
　바르게 염원한다는 것은 인간이라면 누구나 더 나은
미래를 꿈꾸고, 마음속으로 이루어졌으면 하고
기원하는 것을 말한다. 희망이 클수록 노력하는 강도가
커지기 때문에 꿈을 많이 가진 사람들은 대개
부지런하다. 희망을 갖는 것은 좋은 일이다. 하지만
희망이 자신을 위한 것이라면 욕심이나 욕망으로 바뀌어
자신을 괴롭힐 수도 있고 다른 사람을 경쟁 상대로만
생각하는 경우가 생긴다.
　생각이나 말처럼 소원을 비는 마음 또한 중도를 지켜야
한다. 예뻐지고 싶다, 돈이 많았으면 좋겠다 등 권력과
명예로운 위치, 물질적인 것을 원하게 되면 부와
물질적인 풍요에 젖어 자신의 마음을 들여다보는 시간을
잃게 된다. 인간은 자신의 이익을 생각하지 않고 서로

돕고 함께 살아간다면 자연처럼 조화로운 모습이 그려질 것이다. 자신의 욕심을 채웠을 때 느끼는 행복보다, 남을 배려하고 돕고 조화로운 관계가 유지될 때 더욱 더 큰 행복과 마음의 평온을 느끼게 될 것이다.

염원이나 기도는 영혼에 의해서 이루어진다. 무엇인가를 갈망하는 것은 자신의 조화로운 삶을 넘어서 직장과 사회, 국가, 세계를 위해 좋은 영향을 미치게 된다. 만일 자신이 원하는 것을 성취했을 때는 자만하지 말고 감사하는 마음과 태도를 가져야 한다.

바르게 반성한다는 것은 모든 집착에서 벗어나 중도의 잣대로 반성하여 삶의 자세를 바른길[正道]에 정착시키는 것이다. 사람이라면 누구나 욕심을 가지고 있다. 검소한 생활을 하는 사람일지라도 지식 습득의 욕구라든가 사람에 대한 욕심 등 물질적인 면이 아닌 정신적인 면에서 사치나 욕심을 부릴 수도 있다. 극단으로 치우치지 말고 언제나 평상심을 유지하는 것을 중도라고 한다. 한쪽으로 치우친 사람은 진정한 행복을 느낄 수 없다.

# 타력他力신앙과 자력自力신앙

　타력이란 문자 그대로 남他의 힘을 빌려 마음을 깨닫는
수행법이며 다른 사람에게 맡기는 행위이므로 자신을
엄밀하게 살펴볼 수 없게 되어 자기도취에 빠질 위험이
있다. 자기만족과 자기도취는 마음의 마魔에 지배된
모습이며, 하나님의 자식이라는 자각과는 너무나 거리가
먼 모습이다.

　한편 자력은 선종禪宗에서 찾아볼 수 있는 것으로
자신의 힘으로 깨닫겠다는 방식인데 이 자체는 아무런
문제가 없다. 그런데 승방에서 좌선하는 것이 목적이
될 때 문제가 될 수 있으며 좌선만으로는 깨닫기가

어려울 수 있기 때문이다.

　석가모니 부처님은 6년의 좌선 고행을 포기한 후에 큰 깨달음을 얻었다. 물론 깨달음을 전제로 한 6년 동안의 고행이 후손들에게 많은 것을 암시하고 있긴 하지만, 이것을 본받아 좌선이 최고의 방법이라고 보는 것은 잘못이다. 바른길〔正道〕을 이해하고 좌선에 드는 것은 좋지만 그렇지 않을 경우에는 이것 역시 자기만심自己慢心이라는 마의 밥이 되기 쉽다.

　바른길〔正道〕이란 일상생활 속에 있다. 승방 수행은 바른길〔正道〕을 깨닫기 위한 한 가지 과정이며, 좌선 또한 일상생활을 올바르게 살기 위한 한 가지 방법에 지나지 않는다.

　자력에는 자력과 절대자력이 있으며 보통 자력이라고 하는 것은 자아自我=自己保存가 끌고 가는 힘이고, 절대자력은 하나님의 자식이 끌고 가는 힘을 말한다. 하나님의 자식이란 사랑과 자비의 사람이다.

　사랑과 자비란 말을 다르게 표현하면 조화로운 마음의 상태를 말한다. 따라서 조화로운 마음이란 일상생활을 늘 반성하면서 조금이라도 더 사랑과 자비의 마음을 살려나가는 것을 의미한다.

바른길〔正道〕의 절대자력이 추구하는 근본정신은
인간의 마음이 우주대로 확대되어 있기 때문이다.
인간은 만물의 영장으로서 누구나 우주 즉 나宇宙卽我를
깨달을 수 있는 권능이 부여되어 있다.

그런데 그 광대한 마음에서 이탈한 상념행위가 지금의
육체 생활을 형성하고 있으므로 그것을 원래의 모습으로
돌려놓기 위해서는 타인이 아니라 그야말로 자기 자신이
그런 각오를 하고 노력하지 않으면 안 되는 것이다.
그렇기 때문에 우리는 아욕의 자력이나 타력을 배격하고
올바른 척도인 조화라는 잣대를 가지고 자기완성의
생활을 지속함으로써 태양의 광열과 같은 자비로 충만한
중도의 생활을 바라볼 수 있게 되고, 비로소
안심입명安心立命의 자신을 확립할 수 있게 된다.

신앙은 타력 신앙에 의해서 인간의 마음이 구제될 수는
없다.

신에게 나의 몸과 마음을 모두 맡긴 채 과연 깨달을 수
있을 것인가. 기도하는 것만으로 진정 구제받을 수 있을
것인가. 이러한 것은 신의 존재를 아는 방편에 지나지
않을 뿐이다.

인간은 로봇이 아니다. 자기 자신을 상실하고서는

인간으로서의 수행목적을 달성할 수 없다. 올바른 상념과 행위를 실천하는 가운데 진리眞理의 조화는 생겨난다.

신에 대해서 또한 우리의 생존을 가능하게 하는 대자연의 만상만물萬象萬物에 대해서 감사하는 동시에 보은의 실천이야말로 보살심의 발현이라고 할 수 있다. 우리는 자칫하면 타력 신앙, 자기보존에 빠지기 쉽다.

올바른 목적에 대한 일염력一念力은 노력과 용기에 의해서 달성되는 것이며 자기도피와 자기보존의 염불을 외우는 것만으로 인류를 행복하게 인도할 수는 없다. 신에게 감사하고 자연과 인간에 대해서는 보은의 실천 행위를 함으로써 조화를 이룰 수 있다.

누구에게나 예외 없이 자신을 보호해주는 수호령이 있다. 항상 자신의 양심에 묻는 생활을 실천하는 가운데 신성神性, 지혜를 깨달을 수 있는 길이 열린다. 자신의 마음을 상실한 신앙은 바른길〔正道〕이라고는 할 수 없다.

우리는 누구나 영혼의 본체本體 혹은 분신分身에 의해서 보호를 받고 있으며, 나아가 각자 마음의 조화 차원에 따라서는 지도령指導靈의 도움까지 받을 수 있다.

이러한 영靈들에 대한 감사가 필요함에도 불구하고

그들의 얼굴 없는 협력에 대해서는 관심조차 두고 있지 않으니 깨달음과는 거리가 더욱 멀어질 수밖에 없다. 구도求道에 대한 노력의 정도에 따라서 마음의 문이 열린다는 사실을 알아야 한다.

우리는 엉터리 지도자의 설법이나 진리도 모르는 영능자의 예언 등에 현혹되어서는 안 된다. 신의 노여움이라고 겁을 주거나 부적을 강매하는 지도자나 교주에게 마음이 빼앗겨서도 안 된다.

그들의 교리를 자세히 살펴보는 동시에 그들의 일상생활의 태도도 관찰해 보고 스승으로 받들 만한 인물인가 아닌가를 잘 판단한 연후에 신앙을 결정해야 한다.

자신의 마음마저 그들에게 팔아서는 안 된다. 자신의 마음은 무한한 생명과 상통하고 있는 보배요 왕국이다. 그것은 바로 자기 자신이며 그 누구도 침해할 수 없다.

그 왕국을 제삼자에게 팔아넘기기 때문에 자기 자신을 잃게 되고 노력하는 길도 잃어버리며 타력 신앙에 몸을 맡겨버리게 된다.

신은 스스로 믿고 노력하는 자에게만 도움을 준다. 그리고 자신의 노력에 대한 수호령, 지도령의 협력은

항상 따라다닌다. 즉 자력을 다하는 노력의 극점에서
타력의 도움을 받을 수 있다. 이것이 원인과 결과,
작용과 반작용의 법칙이며 진리眞理인 것이다.

천상에 계신 고급령 또는 고차원高次元의 영靈들은
물질의 노예가 되어 있는 인간에 대해서는 함부로 지도
협력하지도 않거니와 무에서 유가 생겨나는 달콤한
약속은 절대로 하지 않는다.

노력도 하지 않고 자기 보존의 기도나 독경만으로
행복의 과실을 얻으려는 생각은 버려야 한다. 기도나
불공으로 구제 받는다고 유혹하는 교주나 지도자들을
조심해야 한다.

자아의 지식知과 생각意으로 고통에서 벗어나는 길을
모색해서는 안 된다. 어디까지나 원인과 결과에 대한
깊은 추궁이 있어야 올바른 판단이 나올 수 있다.

신의 대리인이나 자신을 구세주라고 자칭하면서
마음에 평안을 주지 못하는 교주나 지도자들은
저급령低級靈이나 동물령動物靈에 지배당하고 있다.

한편 이 지상계에 집착하여 방황하고 있는
지박령地縛靈이나 지옥의 사탄이 빙의하고 있는
사람들에게 현혹되어서도 안 된다.

비록 그들의 예언이 적중하고 병을 고친다 해도 그것은 어디까지나 일시적인 것이며 더욱 부조화하고 어두운 영역靈域으로 우리의 마음을 몰고 가게 마련이기 때문이다.

이런 위선자들의 말과 행동은 언제나 모순이 많으므로 그럴 때는 주저할 것 없이 의문을 가지고 올바른 해답을 얻어내야 한다. 무엇이든지 성급하게 믿는 태도는 매우 위험하다.

신은 각자의 마음의 왕국에 존재한다는 사실을 알아야 한다. 물질이나 외모에 사로잡혀서는 안 된다. 중도의 마음은 참고 견디는 것이 아니라 올바른 견해에서 올바르게 행동하는 가운데 존재한다.

마음을 돌처럼 단단하게 굳히면 반드시 왜곡되어 버린다. 항상 유연하게 가져야 바른길〔正道〕의 실천이 가능해지고 깨달음의 첫걸음을 열 수 있다.

이런 실천을 통해서 90% 잠재의식의 지혜가 용현되어 자신의 과거세를 깨닫게 되고 전생윤회의 과정을 소생시켜 볼 수 있다.

저 세상은 평온한 세계이다. 저단계低段階의 세계와 상단계의 세계는 그 영력靈力이 천양지차가 있다는 것을 알 수 있다.

대개 육체는 영자선(靈子線:인간의 육체와 광자체의 영혼은
어머니와 자식 사이의 탯줄과도 같은 영자선으로 연결되어 있다. 이
영자선은 무한이 늘어나고 또는 줄어드는 능력을 가지고 있으며
끊어지면 육체 생명은 절대 소생하지 못한다고 한다)이라는 것에
의해서 광자체光子體와 연결되어 있으므로 서로의 연락을
취할 수 있지만, 의식이 육체로 돌아올 때까지는
약간의 시간이 걸린다.

이 지상계의 만상만물萬象萬物은 저 세상에도 존재하며
그 색채는 이 세상과는 비교가 되지 않을 만큼 평화롭고
부드럽기 그지없다.

식물의 녹색은 이른 봄날의 신록처럼 보드랍고
포근하다. 이 색채는 영혼을 정화한다. 인종과 국가를
초월한 인류 공존의 세계이며, 마치 이 세상의
올림픽처럼 여러 나라의 국민들이 저마다의 복장을 하고
공생하고 있는 집단 사회이다. 세계는 하나라고 하는
사실을 똑똑하게 실감할 수 있다. 그러나 저단계低段階의
세계가 되면 역시 자국적自國的환경에 칩거한다.
자기주장을 하는 세계이다. 더욱이 지옥계에 이르러서는
남을 신용할 수도 없고, 겉으로는 조화를 이룬 것처럼

보이지만 막상 자기 자신의 문제가 되면 서로 싸운다.
자기보존自己保存의 세계이며 평안이란 티끌만큼도 없다.

마왕魔王의 권력에 의해서 지배되고 있으며 진정한
자유란 있을 수 없고 평안한 생활도 영위할 수 없는
세계다. 자기 자신의 마음을 상실한 인간들이 거주하는
부조화한 세계이며, 사랑도 자비도 존재하지 않는다.
그런 냉정한 인간들의 마음이 만들어 내고 있는
세계이다.

하지만 이런 인간들도 그 환경에서 반성하는 계기를
만들어 언젠가는 빛의 천사들의 도움을 얻어 구제된다.
저 세상의 세계는 표면 의식이 90%이기 때문에 반성하면
그 효과가 즉시 현상화되어 광자체의 광자량光子量이
많아져서 조화의 속도도 매우 빠르다.

마음의 조화도는 곧바로 육체(광자체)에 나타나
당사자는 그 조화도에 상응하는 세계로 상승해 간다.
이와 같은 부조화한 세계에도 여러 단계의 계층이
있으며 또한 빛의 천상계도 여러 단계로 구분된다.

천상계(진화의 나선계단(螺旋階段)상의 높은 단계에 진화한 사람을
천사·대천사·대지도령이라고 한다)의 상단계 이상은 천사,
빛의 천사, 상단계 지도령, 상상단계上上段階의 빛의

대지도령大指導靈 등으로 그 세계가 구분되어 각기 조화에 비례한 사회가 구성된다.

이 세상은 저 세상에서 투영投影되는 입체 영화와 같은 세계이다.

이 세상이건 저 세상이건 요는 그 육체 구성에 차이가 있을 뿐이지 그 중심인 영혼에는 변화가 없다.

전생윤회轉生輪廻를 하는 과정에서 이 세상에서는 원자체原子體라는 육체를, 저 세상에서는 광자체光子體라는 육체를 그때그때 갈아입는 환경의 차이가 있을 뿐이다.

의식, 즉 영혼은 태어나는 일도 없으며, 죽는 일도 없다. 불생불멸不生不滅이다. 증가하지도 감소하지도 않는다. 부증불감不增不減이다. 이것이 본래의 실상이다. 우리는 이 본질을 잘 이해하여 거짓의 자기표현이나 거짓의 신앙, 엉터리 판단은 피해야 한다.

진리를 외면한 거짓 인생이 자기 자신의 마음에 고뇌의 짐을 지게 한다.

우리는 자기 자신의 지배자인 마음의 왕국을 올바르게 구축하여 현상에 사로잡히지 않는 부동심을 가지고 마음의 짐을 벗어던짐으로써 비로소 부동의 안심과 평화스러운 환경을 누릴 수 있다.

전래의 누습陋習을 타파하고 자기 자신 안에 존재하는 신神인 '마음'을 믿고 그 마음의 왕국에 내재되어 있는 지혜의 보고寶庫의 문을 자력으로 열지 않으면 안 된다.

숙명론이나 쓸데없는 논쟁을 피하고 혼란스러운 온갖 유혹을 물리치지 않으면 안 된다.

중도中道에 따른 실천 생활을 통해야만 올바른 마음의 제동장치가 작용한다는 것을 명심해야 한다.

# 종교의 중독성

미신, 맹신盲信, 광신狂信은 인간이 만들어 낸 신앙이며 진리와는 거리가 멀다.

사찰이나 교회에 나가서 기도하는 것이 신앙이라고 생각하는 사람이 그 얼마나 많은가. 신에 대한 기도로써 자신이 행복해진다고 여기는 신앙적 자세가 얼마나 큰 잘못인가를 우리는 하루 빨리 깨달아야 한다.

유물론자唯物論者들의 마음을 상실한 사상思想에 젖으면 인간은 침울하고 쓸쓸한 인생을 겪게 된다. 지식知과 생각意에 의해서 만들어진 투쟁과 파괴의 사상은 자유와 평화의 마음을 어지럽히고 단결이라는 미명 아래 개인의 자유는 속박 받으며 비정한 압력에 짓눌려 사생활은 고통스러운 궁지에 몰리게 된다.

하지만 그들도 마음의 번뇌에 대해서는 어찌 할 바를 모른다. 따라서 그들의 집단은 마음을 상실한 사람들끼리 유유상종類類相從의 법칙, 파장 공명波長共鳴의 법칙에 따라 한 우두머리를 중심으로 집단을 형성한다.

유물 사상에 따르지 않는 자유 의지의 발언은 그들 집단에 의해서 여지없이 짓밟혀 버린다.

유물 사상에 세뇌된 자들은 목적을 위해서는 수단과 방법을 가리지 않는다. 폭력을 거침없이 휘두르며 거기에는 자비와 사랑이란 그림자조차 찾아볼 수 없다. 사상을 위해서는 범죄 의식도 마비된다. 공산주의 집단의 세포들은 한 지도자의 꼭두각시들에 지나지 않으며 인간의 본성을 100% 잃어버리고 있다. 참으로 가엾고 불쌍하다고밖에 할 말이 없다.

마음을 상실하여 서로 믿을 수 없게 된 인간의 집단은 어느 날엔가 내부투쟁內部鬪爭에 의해서 자멸의 길을 밟게 된다. 우리들은 이러한 사상으로부터 자신을 지킬 줄 알아야 한다. 그러기 위해서는 올바른 진리로 돌아와야 한다. 잃어가는 인간의 마음을 되찾아야 한다.

인도에서 당시 석가모니 부처님의 가르침, 이스라엘 당시 예수님 가르침의 원점으로 돌아가야 한다. 그래서 위대한 마음의 존엄성을 깨달아 조화 있는 사회를 하루빨리 이룩해야 한다. 그런데 불교도 기독교도 인간의 지식知과 생각意에 의해서 너무나 왜곡되어 버렸다. 그래서 대자연을 지배하고 있는 의식, 즉 신神은 우상화되고 말았으며, 빛의 천사들조차도 우상화되어 예배 기도하는 종교로 전락하여 세상은 바야흐로 말법시대(정신문명 퇴폐시대)로 접어드는 감이 없지 않다.

기독교도 불교도 그 진수眞髓를 잃었기 때문에 많은 중생은 신에게 기도하는 것이 종교라고 착각하게 되었으며 악덕 종교 지도자들과 사이비 종교 지도자들에게 이용당하고 있다.

매너리즘mannerism에 빠진 신앙생활은 형식적 행사로 지샌다.

'불교는 어려우며 그 진수를 터득하기가 힘들다.' 하고 불제자인 승려까지도 고개를 젓고 있는 실정이다. 지식으로 해석을 하고 있는 것이 오늘날의 불교이다. 인간이 사는 방법을 가르치고 있는 불교가 어째서 철학哲學이 되지 않으면 안 되었는가. 어째서 엄격한

계율에 의한 자기류의 규율을 만들지 않으면 안
되었는지 의문이다.

　많은 중생은 불교의 원점에서 멀어졌다. 권력자, 학자,
승려들에 의해서 철학화된 종교는 이미 진실한 마음의
종교가 아니다.

　계급 제도가 엄격했던 지난날에 어째서 종교가
필요했던가. 그것은 그들 특권 계급 무리들의 자기 보존
수단으로 필요했기 때문이다.

　신의 이름으로 그들은 자신들의 권력을 유지시키기
위해 대중을 희생시켰다. 겨우 5% 정도의 소수 귀족과
승려들의 사리사욕 때문에 95%의 대다수 중생이
희생되는 종교는 아편과 같다. 아편이 된 종교는 인간을
구제할 수 없다. 진리眞理도 아니다. 사리사욕의 산물일
뿐 결코 진리가 아니라는 것을 알아야 한다. 그들은 신의
이름을 팔아서 생활하고 있는 위선자들에 다름 아니다.

　기도하는 것만이 구제 받는 길이 아니며 맹신, 광신,
미신이 사도邪道임을 우리는 알아야 한다. 올바른
진리에서 마음이 멀어져 있다는 사실을 하루 빨리
깨달아야 한다. 신의 자녀로서 아버지인 신을 믿는 것이
인간의 당연한 도리이며 진리를 모르고 맹신, 광신에

빠지는 것은 바로 자기 자신을 상실하는 사도임을
알아야 한다. 인간다운 생활을 잊어버리고 고락苦樂
양극단의 인생을 보내며 중도中道를 무시한 삶은 신앙이
아니다. 지도자의 지시대로 움직이며, 구하는 바를 오직
기도에 의존한다는 것은 맹신이다. 의문을 가지는 일도
없이 기도에 빠진다는 것은 바로 인생을 도피하고 있는
결과에 다름 아니다. 이러한 사람은 하루 빨리 자신의
본심을 되찾지 않으면 안 된다.

종교 지도자들의 "당신의 불행은 몇 대의 조상이 천도
받지 못한데 있으니 불공을 드려야 한다." 혹은 "당신의
병은 집을 지키는 용신龍神을 소홀히 한 탓이니 이러
이렇게 해야 한다.", "장사가 잘 되기 위해서는 이 부적을
붙이고 초하루와 보름에 고사를 지내야 한다."라는 말을
들으면 사리사욕의 마음은 그만 우상을 숭배하게 된다.

욕망을 채우기 위한 신앙에 빠지면 빠질수록 마음이
불안해지고 불행한 인생을 걷게 된다는 사실을 알아야
한다. 열심히 기도할 때에는 일에도 열중하기 때문에
장사가 잘 될 수도 있다. 하지만 돈과 시간이 생기면 기도
할 대상에는 무관심해지고 그저 형식적인 신앙이 되고
만다. 장사가 잘 된 것에 대한 감사의 마음도 잊어버린다.

낭비를 일삼고 욕망의 충족만을 좇는다. 어느 틈엔가
마魔의 포로가 되어 마음은 평안이 없고, 가정은 조화가
파괴되어 몰락의 길을 걷게 된다. 불행을 스스로 자초한
셈이다. '건드리지 않는 귀신은 잠잠하다' 라는 속담은
진리眞理다. 신에 기대지 않고 진리에 따른 생활을
스스로의 노력으로 쌓아가는 삶이 신의 마음으로 통하는
길이다.

인간다운 생활을 위한 최선의 노력이야말로 우리들
마음에 평안을 얻고 신의 자비를 받을 수 있는 유일한
길이다. 인간다운 생활이란 진리에 따른 여덟 가지
바른길의 실천에 있다.

올바른 상념과 행위, 신의 자녀라는 자각을 가지고
의식주衣食住에 만족할 줄 아는 생활이 바로 그것이다.
끝없는 욕망은 고통과 번뇌를 가중시킬 뿐이다.

악령에 빙의되는 데에는 반드시 그 원인이 있다.
상념과 행위에 대해서 우선 반성해야 한다. 재앙의
악령을 신으로 착각하여 받들게 되면 악령들은 더욱
거만하게 득세하여 그 재앙을 후손에게까지 미치게
된다. 스스로의 마음을 바로잡고 그들을 천도해 주는
것이 바른길〔正道〕이다. 그들을 받들고 공양해 주는 것은

결코 바른길〔正道〕이 아니다.

　악령을 숭배하라는 교주가 있다면 그는 참다운 법력을
갖추지 못한 사람이다. 법력이 있다면 그들 악령들의
잘못을 깨우쳐주고 바른길〔正道〕을 실천하도록 해야
한다. 동시에 이러한 종교적 환경에서 고통 받고 있는
인간에게 그 고통의 원인을 가르쳐 주고 올바른
마음가짐과 생활 방식도 지도할 수 있어야 한다.

　'조상 탓이다, 용신 탓이다.' 하고 예배 공양을 드리게
하는 신앙은 자기 자신이 신의 자식이라는 자각과
긍지를 팽개쳐버리는 것이다. '냄새 나는 물건은 묻어
버려라' 라고 하는 투의 신앙에서 하루빨리 벗어나는
것이 바로 행복을 얻을 수 있는 길이다.

　형식 신앙에 빠지면 빠질수록 생활도 불안정하게 되고
마음의 평화도 없어진다. 흔들려서는 안 된다. 아편의
중독에서 자신의 마음을 구제해야 한다. 자기 자신에게
엄격하고 강하며 어떠한 난관에도 흔들리지 않는 크나큰
마음을 가지고 자신自信있는 인생을 걸어야 한다.

　불행한 일이 생기면 그 원인을 잘 찾아내어 악의 씨를
제거하고 보다 나은 인생을 위한 노력을 기울여야 한다.

　신은 그 노력에 대해서 반드시 평화와 안심의 빛을

비추어 줄 것이다. 인간의 마음을 장님으로 만들고 기도에 의해서만 공덕을 얻을 수 있다고 말하는 종교 지도자들은 큰 죄를 짓고 있을지도 모른다.

신은 인류가 이 세상에서 육체를 지니고 영혼의 수행을 할 수 있도록 모든 환경을 제공해 주고 있다. 태양의 광열에너지에 의해서 식물·광물·동물 상호의 생존 관계가 성립되어 있다. 이 모습이야말로 바로 사랑과 자비의 나타남이 아니고 무엇이겠는가.

신은 인간에게 자손 보존의 본능을 부여하였으며, 따라서 우리들은 부모로부터 육체를 공짜로 얻었다. 부모의 사랑과 희생이 아니고 무엇이겠는가. 그 근원을 따지면 신의 자비와 사랑에 의해서 육체가 창조되었던 것이다. 이 육체의 운전수인 우리들의 의식, 영혼의 부주의不注意로 말미암아 부조화한 현상이 일어난다. 자신의 마음과 행동을 바로잡는 일이 바로 그 부조화를 바로잡는 길이다.

대자연의 은총에 감사하고 모든 사람에게 감사와 보은을 하는 생활이야말로 사회의 조화를 완성할 수 있는 길이다.

질병, 빈곤, 불행 등의 괴로움에 대해서 그 원인을

추궁해 보지도 않고 자신의 형편, 자신의 행복, 자신의 이익만을 좇기에 급급하고 있는 사람들이 그 얼마나 많은가. 신을 비롯하여 우리들의 수호령, 지도령, 영혼의 형제들은 아전인수 격인 이기적 기도에 대해서는 절대로 협력하지 않는다. 신의 세계는 중도中道에 의해서 모든 것이 정해져 있다.

거울에는 실물과 같은 모습이 비친다. 실물이 아름다우면 그 영상도 아름답다. 우리들 마음의 거울도 마찬가지로 저 세상의 천사들에게 비친다. 마음의 모습은 빛의 천사들의 눈을 절대로 속일 수 없다. 최선의 노력을 하고 있는 사람들에게는 그 사람과 관계가 깊은 저 세상의 인물에 의해서 반드시 협력이 있다.

'스스로 구하는 자에게 주어진다'는 말을 알지 않으면 안 된다. 구하기 위해서는 상념과 행위가 일치한 생활을 하지 않으면 안 된다. 구하는 바는 기도에 의해서 얻어지는 것이 아니다. 기도할 때의 마음의 상태가 문제이다.

# 바른길〔正道〕의 실천을 위하여

　대어만선이나 오곡풍년을 기원할 때에는 그것이
생물의 생명을 취득하는 것이 되는 만큼, 수확물을
소홀히 하거나 낭비해서는 안 된다. 그들은 우리들의
피와 살이 되는 희생적 공양물이라는 사실을 명심해야
한다. 그 생명들에게 깊은 감사를 올리는 것이 당연한
도리이다.

　식사를 할 수 있는 것도 많은 생명들의 희생에 의한
것이므로 신에 감사드림과 동시에 만물에 감사하는
마음을 잊어서는 안 된다. 그런데 대부분의 사람들은
감사는 커녕 모든 것이 당연한 것으로 여겨 낭비를

일삼고 있다.

기도는 자기 보존의 일방적 요구여서는 안 된다.

은총을 입었으면 감사의 표시가 있어야 한다.

보은報恩의 행위는 우리의 마음을 조화롭게 하고 이웃사랑을 눈뜨게 한다. 보은의 행동은 자연스럽게 이루어져야 하며 이에 대한 보답을 기대해서는 안 된다. 올바른 공양의 의미가 없어지기 때문이다.

불교도 기독교도 원래는 하나인데 여러 가지 종파로 갈라져 반목과 투쟁의 씨앗을 뿌리고 있다. 불교에도 기독교에도 투쟁과 파괴의 가르침은 없다. 만일 투쟁과 파괴의 길을 정당화해서 지도하고 있는 종교가 있다면 그것은 아류이며 오만한 아집이 빚어낸 사생아일 뿐이다. 시대에 따라 모습을 달리하는 것은 진리眞理가 아니다.

진리는 신구新舊에 관계없이, 태양이 동東에서 떠서 서西로 지듯 불변이다. 그것을 모르고 인간이 함부로 아전인수 격의 사상을 날조하고 있는 것은 신에 대한 불손이요 모독이다.

불교도 철학화 된 감이 없지 않다. 어떤 종교지도자는 어려운 철학적 용어를 구사하면서 자만에 빠져

용어를 모르는 신자들에게 뽐내며 고압적인 행동을
서슴지 않고 있다. 이런 사람의 마음은 자비를 팽개친
아수라계 지옥으로 통하고 있다.

부조화의 행동을 강요하고 신의 이름 아래 인간의
마음을 혼란하게 하는 지도자의 마음은 평안이 없고
지옥계로 떨어질 것이 분명하다. 그 죄를 반성하지 않는
한 천상계로 갈 수는 없고 지옥에서 준엄한 반성의
생활을 강요당한다는 사실을 알아야 한다.

신은 교단을 위해서 존재하는 것이 아니며 하물며
돈벌이에 이용되어서도 안 된다. 눈에 보이지 않는 것을
기화로 신자들을 속여서도 안 된다. '벌을 받는다,
공덕이 없다' 등으로 위협 받고 있는 신도들은 불쌍하다.
자기 보존의 욕심이 강한 광신도는 그런 말을 믿는다.
하지만 그들은 스스로 만든 부조화의 상념에 의해서
더욱 불안하고 어지러워진다.

부모는 자식의 행복을 위해서 정성을 다한다. 신이
어찌 장님이나 다를 바 없는 인류에게 벌을 내릴까. 벌은
자기 자신의 부조화한 생활에 의해서 자기 자신이
만들어 내는 것이다. 귀여운 자식을 어찌 부모가
불행하게 할 것인가. 부모도 신도 자비와 사랑의

당체임을 알아야 한다.

부모의 말을 따르지 않고 제멋대로 행동하여 스스로 가시밭 인생을 걷고 있는 것이 인간의 일반적인 모습이다. 하지만 그 가운데 여러 가지 의문이 생기고 그 의문이 해결될 때 진리는 가까워진다.

마음의 문이 열려 사는 기쁨, 인생의 의의를 깨닫게 되는 것이야말로 바른길〔正道〕에 다름 아니다.

만생만물 대자연계야말로 바로 살아 있는 경이다. 이것을 모르고 벌을 겁내어 자기 발목에 족쇄를 채우는 신앙은 자승자박 이외 아무 것도 아니다. 순진한 신자들에게 마음의 자유를 빼앗는 종교 지도자는 위선자이다.

살아 있는 인간을 구제하는 것이 최고의 선善임을 알아야 한다.

인간의 마음을 혼란하게 한 종교 지도자들에게는 특히 가혹한 현상이 나타난다. 우선 육체적으로는 두통이 심하며, 마음의 평안도 없어질 뿐더러 자신의 자유의사도 없어지며, 간부들에게 떠받쳐져 로봇이 되고 만다. 이윽고 몸은 저리고 마비가 오며, 그래도 자기 보존의 욕심만은 살아 '신을 신앙하고 있는데 어째서

이렇게 몸이 이상해지나.' 하고 자문자답한다. 그리고
'몸이 이상해지는 것은 신자들의 업을 대신 받고 있기
때문이다.' 라고 자위하기도 한다.

또 어떤 종교 지도자는 경제력을 앞세워 신자들을 깔고
앉아 뻔뻔스러운 짓을 하고 있다. 신의 이름 아래 광신자
맹신자의 마음을 조종하여 죄를 짓고 있다. 자신의
육체적 부조화도 만성화되었으며 마음의 평안을 잃고
사리사욕의 권화가 되어 조직의 내부는 권력 투쟁의
불씨를 안고 있다. 이렇게 마음을 상실한 종교가 난립한
사회를 말법시대라고 한다.

'신을 모독하고 있는 지도자에겐 마음의 평안을 줄 수
없는 것이 저 세상의 규율이다.' 라는 것을 알아야 한다.
진리는 인간의 힘으로는 바꿀 수 없는 것이다.

잘못된 종교 지도자들은 자신의 마음을 속이지 않는
생활을 실천함으로써 자신의 잘못을 스스로 깨달아야
한다. 바른길[正道]의 실천을 위해서 어려운 장애를 이겨
나가야 한다. 그리고 자신의 마음을 잃게 한 아편을
자력으로 팽개치고 바른길[正道]에 들어서는 것이 자신의
가치를 높이는 유일한 길임을 깨달아야 한다.

전쟁 또한 부조화한 상념 행위이다.

전승기원戰勝祈願이라는 것이 있는데 승부를 다툴 때, 스포츠를 제외하고는 그런 기도는 인간으로서 취할 행위가 아니다. 신은 언제나 중립이기 때문에 어느 한쪽에 편들지 않는다. 부모가 아이의 싸움에 대해서 공평한 판단을 내리는 것처럼 한쪽으로 편들지 않는 것이 중도中道의 사랑이 아니겠는가.

부모는 아이의 싸움을 원하지 않는다. 하물며 신이 전쟁을 원할 리 없다. 전쟁은 절대로 인간이 취해야 할 행위가 아니며, 인간의 육체 즉 수행 중 사용하는 배舟를 파괴할 뿐만 아니라 남에게도 끔찍하고 비참함을 주며 죄 없는 인간의 마음을 불안에 떨게 한다.

전쟁은 인간 최대의 죄악이요 범죄다. 전쟁을 즐기는 지도자, 그는 살아 있는 지옥의 아수라이며 그 대가는 육체가 없어져도 지옥계에서 극심한 고통을 감당하게 되리라. 히틀러도 스탈린도 무간지옥無間地獄에 떨어져 헤어나지 못하고 있다.

국가 권력의 명령에 의해서 전쟁에 휩쓸려서도 가능한 부정해야 한다. 나라의 국민으로서 국법과 싸울 수는 없지만 국가에 대한 충성심도 중요하다. 하지만 항상 자신의 올바른 마음에 물어 섭리에 따른 행동을 실천해야 한다. 종교전쟁이란 따위의 전쟁은 존재하지 않는다. 전쟁은 이유여하를 막론하고 쌍방이 다 5대 5의 범죄를 저지르고 있다. 인간은 신의 자녀로서 만물의 영장임을 자각하고 전쟁은 절대로 해서는 안 된다. 투쟁은 투쟁을 낳는 악순환을 거듭할 뿐이다. 조화를 위한 인내와 노력은 언젠가는 평화의 사회를 완성하게 된다.

어떠한 환경에 처해도 저마다의 노력으로 자신의 마음을 열어가야 한다. 그러면 그 기쁨은 형용할 수 없이 커질 것이다.

# 제물祭物

　인류의 오랜 역사에는 신 앞에 제물을 산더미처럼
쌓아놓고 무슨 신이여 운운하면서 신자들에게 돈이나
제수를 바치게 하는 습관이 있다. 신은 과연 이와 같은
것들을 신자들에게 요구하고 있는 것인지 의문을 가져야
한다.

　세상을 떠난 직후의 육체 조상 앞에 감사하는 마음으로
꽃이나 음식물을 공양하는 것은 좋은 일이다. 왜냐하면
막 사망한 자들의 대부분은 이 세상에서의 생활의
연장을 의식하고 있는 경우가 많기 때문이다. 그러므로
음식을 먹는 일은 그들도 원하는 경우가 많다.

그러나 내장 질환 같은 병으로 죽었을 때는 음식물이
거의 목으로 넘어가지 못했으므로 그런 경우에는 공양은
아무 소용이 없다. 그들 스스로가 "왜 죽지 않으면 안
되었던가."라는 것을 자각하지 못하고 있는 한 그들은
지옥계로 떨어지게 마련이다. 그런 자에게는 죽음에
대한 원인과 인생에 있어서의 그릇되었던 행위와
마음가짐을 올바른 마음의 척도로써 차근차근 가르쳐 줄
필요가 있다.

아무리 어려운 경문經文을 읽어드려 보아야 생전에
알지 못했던 것을 죽어서 곧 알 턱이 없다. 그들이
알아듣기 쉬운 말로써 일체의 집착으로부터 떠날 방법을
가르쳐주어야 한다.

병으로 죽은 사람들에 대해서는

"이제 당신은 병자가 아니다. 지금까지의 육체는
멸하고 새로운 그곳의 육체를 당신은 지니고 있지
않습니까? 이제 당신은 이 세상의 육체로부터 해방된
것이다. 이 세상의 육체는 불에 타 없어지거나 썩더라도
당신은 이제 저세상의 사람이 되었다는 것을 깨닫고
자기 자신에게 거짓말을 못하는 그 착한 양심으로
지난날을 하나하나 반성하여 진심으로 신에게 사죄해야

한다. 그렇게 할 때 당신의 마음을 가리고 있던 구름은 걷히고 신의 빛이 충만하여 당신은 구원을 받을 수 있다."라고 마음에 새겨지도록 간곡히 타일러 주어야 한다. 그리고 제물을 차려주는 것도 좋을 것이다.

그러나 대부분의 사람들은 발버둥치면서 죽지 않으려 안간힘을 쓰며 집착으로부터 떠나지 못한다. 그때에는 시체가 꼿꼿하게 경직하여 관절도 굽혀지지 않는다. 집착으로부터 벗어난 경우에는 그 얼굴에 평온이 깃들고 몸도 산 사람처럼 부드럽다.

사고사事故死의 경우에도 집착심이 강한 자들은 죽은 장소에 지옥계를 만들고 스스로 그곳에서 고통을 받으면서 살고 있다.

자박령自縛靈이 되어 자기와 비슷한 마음의 사람들에 빙의憑依하여 사고사를 유발하는 경우도 많다. 이 세상에 강한 미련이 있기 때문에 그곳을 떠나지 못하고 있는 것이라고 말할 수 있다. 그러한 자들에게는 죽은 이유를 알아듣도록 가르쳐주어야 한다.

이와는 반대로 인간의 손에 의하여 종이, 나무, 금속이나 흙으로 만들어진 우상에게 음식물과 돈을 공양한다 해도 그것은 아무 소용이 없다.

우리가 살고 있는 지구도 신체神體의 작은 세포의 하나이며 신전神殿이라고 말할 수 있다.

대신전大神殿인 지구 위에서 신의 신체(우리의 육체도 신의 작품임)를 부리고 있는 인간이 왜 작은 신전이나 불전을 손으로 만들어 제사를 지내는 것일까?〈성서 사도행전 7장 참조〉

정재淨財라고 일컫는 부정不淨한 돈으로써 그런 것을 세운들 신의 마음을 기쁘게 해 드리지 못한다.

진짜 신이라면,

"마음이 병든 자, 몸이 불편한 자, 가난에 시달리는 자, 모든 불쌍한 자들을 위해서 보시하라. 그들을 불행으로부터 구하라. 그래서 신의 자식으로서의 자각에 눈 뜨게 하라."라고 할 것이다. 우리들 한 사람 한 사람이 이와 같이 신의 은총에 보은하는 행위를 실천해 나간다면 반드시 낙원 유토피아가 건설될 것이다.

신은 인간이 만들어 낸 돈은 필요로 하지 않는다. 돈이 필요한 것은 신이 아니라 인간들이다. 그런 의미에서 공양도 신에 대한 보은감사報恩感謝의 증표로서 올리는 것이라면 그 뜻이 살아날 것이다. 그러나 벌을 받는다는 두려움이나 자기 과시욕에서 하는 공양이라면 그것은 벌써 마음을 잃은 것임을 명심해야 한다.

광신자·맹신자의 공양으로 호화로운 옷을 입고
금은보석으로 몸을 치장하고 있는 교주나 지도자들이
많다. 이들은 물욕에 눈이 멀어 자기의 일신을 지옥의
수렁으로 떨어뜨리고 있다.

　　받아먹는 자나 공양을 바치는 맹신자나 모두 마음을
상실한 가엾고 어리석은 인간들이라고 아니할 수 없다.
한 달에 한 번의 제사로써 돈이나 제물을 바친다고 해서
부정不淨이 씻어지는 것은 아니다. 만약 씻어졌다고
한다면 그것은 그와 같은 기회가 인연이 되어 스스로의
마음을 바로잡고 조화를 위해 노력했기 때문이라고 말할
수 있다.

　　마음의 정화는 타력 신앙에 의하여 되는 것이 아니라
자기 자신의 올바른 마음과 행위의 결과로서 이루어지는
것이다.

　　태양은 1초 동안에 석탄 200만 톤을 연소시킬 만큼의
열에너지와 빛에너지를 지구에 무상으로 공급해 주고
있다. 이야말로 신의 사랑과 자비의 구현이 아니고
무엇이란 말인가. 우리는 이 태양에게 광열비를 결코
지불하고 있지 않다. 신은 광열대금을 받지 않으며
하물며 부정을 씻어주는 대가도 받지 않는다.

인간은 자신의 욕망을 채우기 위해서 제물을 바치고 있다. 이와 같은 마음을 상실한 행위는 부정을 씻어주기는커녕 마음에 구름을 짙게 끼게 할 뿐이다.

진심으로 마음에서 우러나는 정화淨化를 받아들일 때는 감사의 마음이 일어날 것이다. 그러나 설령 정화를 받더라도 그 사람의 마음과 행위가 올바른 것이 아니라면 또다시 그 괴로움에 빠져들게 될 것이다.

보시布施란 감사의 마음을 행위로써 나타낸 것이다. 결코 그 이상도 이하도 아니다. 보시에는 노동의 보시, 작물의 보시, 금전적인 보시가 있는데 그것은 남을 위해 도움이 되는 일체의 행위를 가리키는 것이다. 신의 이름을 빌려 보시를 강요한다면 이미 그 마음은 마왕, 아수라, 동물령, 지옥령의 것 이외 아무 것도 아니다.

집안에 제단이나 불단을 차리고 신을 모시는 행위는 매우 위험하다. 그들은 대부분 지옥계에 떨어진 자들인 것이다. 그들을 깨닫게 하지 못할 뿐만 아니라 이 세상에 더욱 강한 집착을 가지게 하는 결과를 초래할 것이므로 위험하다고 말하지 않을 수 없다.

그들은 왜 지옥계에 떨어졌는가 하는 것을 설명해 주고 광명의 저 세상으로 인도해 주는 것이 시급한 일이다.

불단이나 묘 등에 집착을 가지게 해서도 안 된다.
그들을 받들어 모시게 되면 가정에 부조화한 현상이
일어나 도리어 불행을 초래하게 될 것이다. 그들을
구원하기 위해서는 우선 자기의 마음과 행위를
바르게 하고 인과의 법칙을 들려줌으로써 설득시키는 길
이외에는 다른 방법이 없다.

스스로의 마음과 행위가 부조화한 채로 정화淨化의
흉내를 내어서는 안 된다. '건드리지 않는 귀신은 재앙을
부리지 않는다' 라는 속담 그대로이다.

선생이 학생한테서 배우는 꼴이 되어서야 어찌 선생
노릇을 다했다고 할 수 있겠는가. 잘 생각해 볼 일이다.

우리는 맹신자가 되거나 광신자가 되어서는 안 된다.
인생에 의문이 있거든 그것을 추구해야 한다. 의문을
가진 채로 맹신하는 것은 올바른 신앙이 아니다.

그것은 거짓의 신심이라고 할 수 있다. 의문을
풀어주지 못하는 지도자는 마음을 지도할 수 없는
사람들이다. 마땅히 위선자의 낙인이 찍혀야 할
사람들이다. 이와 같은 사람들이 많이 있다는 사실을
우리는 인식하지 않으면 안 된다.

신은 인류에게 생활에 필요한 모든 것을 무상으로

제공하였고, 앞으로도 영원히 제공 할 것이다.

그리고 어떤 비용도 청구하지 않으며 그에 대한 아무런
대가도 바라지 않는다.

# 자기보존과 맹신자


　자기 자신의 욕망만을 좇고 남의 일은 내 알 바
아니라고 하는 태도는 자기보존이다. 이런 사람들은
자기 입장만을 주장하고 지위, 명예, 재산을 위해서는
남을 희생시키는 일도 주저하지 않는다. 자기의 이름과
가문에 흠이 되지 않을까 늘 염려하고 있다.
　남의 칭찬을 받으면 흡족하고 충고를 받으면 감정적이
되어 보복을 궁리한다. 경제적으로 남의 존경을
받으려고 하고 그 마음과 행위에는 조화가 없다. 항상
자기중심으로 생각하며 눈앞의 이익에 사로잡혀
물질경제가 전부라고 고집한다. 남을 믿지 않으면서

자신을 믿게 하려고 금품을 뿌린다. 타인에게 배신을
당하면 원한을 품지만 자기는 남을 예사로 난도질하고
배신한다. 이런 사람들은 한때는 번영할 수 있을지
모르지만 자비와 사랑이 없기 때문에 반드시 몰락한다.
마음에 평화가 없고 가까운 사람들로부터 불신을 받게
되며 최후에는 사면초가가 된다. 만족할 줄 모르는
마음이 빈약한 자란 이런 사람을 두고 하는 말이다.

그 마음은 아귀도餓鬼道에 통하고 반성이라고는 하지
않는 인생이기 때문에 죽으면 지옥에 떨어져서 본성을
깨달을 때까지 고통을 겪지 않으면 안 된다.

이렇게 되는 원인은 진리를 깨닫지 못하고 물질경제가
전부라고 착각하여 인간으로서의 수행 목적을
잊어버리고 나룻배인 육체에 마음이 사로잡히는 데
있다.

우리가 이 세상을 떠날 때는 경제도 지위도 명예도
무엇 하나 가져갈 수 없다. 오로지 인생 경험의 일체가
기록된 의식 즉 영혼을 가지고 갈 뿐이라는 것을
깨닫는다면 물질에 사로잡히는 어리석은 짓은 하지
않을 것이다.

마음에 집착이 없는 인간은 평화스러운 생활을 할 수

있으며 신의 자녀로서의 만족감과 기쁨이 떠날 날이
없다.

한편 종교 단체의 한 세포가 되어 있는 사람은 자기가
속해 있는 종교의 교리야말로 절대적인 것이라고
맹신하여 자신의 근거지로 삼는다. 자기가 속한
교단이야말로 절대적인 것이며 상대방의 교단을
깔아뭉개려고 서로 논쟁한다.

제삼자로부터 올바른 진리라는 인정과 칭찬을 받고
싶어 하며, 마치 자기 자신이 진리를 깨닫고 있는 것처럼
남을 굴복시키려고 한다. 반론을 당하면 마음에
부조화를 일으켜 상대방의 결점을 찾아내어 다시 논쟁을
건다. 하지만 그러한 칭찬과 반론이 과연 무슨 소용이
있단 말인가. 그것은 자기만족에 도취되는 길뿐이다.
자기만족은 파멸의 씨앗이 되며, 도리를 깨닫고 있다면
논쟁에 휘말릴 리가 없다.

철학적 불교 용어를 구사하면서 뽐내는 자들은 자기
자신의 마음의 왕국을 볼 수 없다. 개개인의 마음을
깨달음으로써 비로소 확고부동한 조직이 확립된다.
지식知과 생각意의 논쟁은 조직에 금이 갈 뿐 아무런
도움도 안 된다.

흔히 하늘에서 벌을 준다는 것은 자기 자신의 어두운 상념이 지어내는 작용作用 반작용反作用의 법칙에 의해서 현상화現象化되는 것이지 결코 신神의 뜻은 아닌 것이다. 만일 벌을 받았다고 한다면 그것은 신을 사칭한 악령들의 짓임을 알아야 한다.

올바른 마음으로 올바른 생활을 하고 있는 사람은 신의 빛에 싸이기 때문에 악령도 재앙을 불러일으키지 못한다. 왜냐하면 육체의 지배자인 마음의 왕국은 그 누구도 침입할 수 없는 성역이기 때문이다. 벌이라는 것은 어디까지나 자신의 부조화한 상념에 의해서 자신이 불러들이는 것이다. 인간은 마음속에 벌에 대한 공포심을 품으면 곧바로 그런 세계와 통하게 되어 현상화된다는 것을 알지 않으면 안 된다.

진리眞理도 아닌 엉터리 진리를 믿고 마음속에 불안과 혼란의 신심信心을 지니고 있는 사람들은 자신을 잘 반성해 보아야 한다. 신앙에 대해서 공포심을 가진다는 것 자체가 이미 자신을 상실한 조직의 세포에 다름 아니며 마음속의 공포를 더욱 확대시키는 결과를 초래한다.

이와 같이 진리를 깨닫지 못하고 마음 왕국의 지혜를

알지 못하는 지도자가 사욕으로 조직을 확장해 나가면
그 부조화한 업보는 반드시 자기 자신에게 되돌아온다.
또한 그 업보는 육체적으로도 여러 가지 질병의
모습으로 현상화된다는 것을 알아야 한다.

진리를 깨닫지 못한 지도자야말로 위선자이며, 그의
잘못된 삶은 결국 죽어서 자기 자신이 심판 받지 않으면
안 된다. 이것이 신神의 법칙이다.

마음의 절대성을 설법해야 할 종교 지도자가 자신의
마음의 평화도 다스리지 못하고 항상 아집과 투쟁심에
불타며 타종교를 헐뜯고 몰아붙이는 것은 지도자의
자세라고 볼 수 없다. 이런 지도자는 자신의 위선을
솔직하게 인정하고 지도자의 자리에서 물러앉아
바른길〔正道〕를 좇아 공부해야 한다.

또한 지도자로서 중생의 앞장에 선 자는 마땅히 중생의
평안과 복지를 위해서 책임감과 사명감을 가지지 않으면
안 된다. 자아아욕의 마음은 마침내 자기 파멸의 길로
몰고 간다.

기만과 유언비어에 현혹되지 않는 올바른 판단력을
가져야 한다. 그렇지 않으면 오합지중이 되어 투쟁과
파괴의 와중에 휩쓸려 자신의 본성마저 잃어버린다.

마음이 없는 부조화한 몇몇 지도자에 의해서 대중이 선동되고, 걸핏하면 때려 부수는 행위가 마치 정의의 용사처럼 자행되는 현실은 바로 지옥의 아수라계로 통한다. 마음을 잃은 주의와 주장이 폭력을 휘둘러대는 행위는 위선 이외 아무것도 아니다.

그들은 물질 경제만을 으뜸으로 삼는 인간들의 집단이며 물질과 경제의 노예로 전락한 군상들이다. 그들 사이에는 배신행위도 거침없이 자행되고 있다. 약한 자는 저항할 수 없으며 폭력 앞에 굴복을 강요당한다. 하지만 그 폭력도 올바른 마음을 지닌 사람까지는 굴복시킬 수 없다. 육체는 구속할 수 있을지 모르나 마음까지 지배할 수는 없는 노릇이기 때문이다. 폭력을 행사한 자는 폭력의 반작용을 받게 되며 추상같은 업보를 피할 길이 없다.

이러한 사회는 어두운 상념에 덮여 수많은 혼란을 경험하게 마련이다. 그러나 언젠가는 자유와 평화의 마음이 싹터 조화에의 상념은 구체화된다. 인류가 신神의 자녀라는 것을 스스로 알게 되고 자신을 되살펴 볼 날이 있을 것이기 때문이다.

인류는 봉건 사회 혹은 독재 하에서 오랜 투쟁과

파괴의 업을 체험하면서 진화해 왔다.

언젠가는 원시 공산 사회보다 차원이 높은 만민 평등의 공존공영共存共榮의 사회로 진화해 갈 것이다. 물질 경제를 초월한 마음의 소유자들에 의해서다. 그리고 마음이 우선인 사회로 전진해 갈 것이다.

왜냐하면 인류는 자신의 마음속에 잠재해 있는 신의 지혜의 보고를 자력으로 언젠가는 열 수 있기 때문이다.

# 2부

## 시간은 우리를 기다려 주지 않는다

마음에서 길을 찾다

# 생로병사 生老病死

인간은 왜 태어나서 늙고 병들며 죽는 것일까?

슬픔과 괴로움이 많은 인생!

친한 사람과의 이별, 싫은 자와 함께 사는 괴로움, 경제적인 고통, 원망, 시기, 질투, 노여움, 독점욕, 겉으로는 화려하지만 마음이 고독한 자, 이루어질 수 없는 사랑, 유명인의 오만, 육체적 불구에 대한 고민, 종교를 사리사욕의 수단으로 삼는 위선자, 주색에 대한 욕망, 지위·명예·인종차별에 우는 자, 동족끼리의 권력다툼, 종파싸움, 주의나 주장이 다르기 때문에 일어나는 투쟁과 파괴, 노사 분쟁, 고부간의 갈등 등

일일이 기록해 가자면 끝이 없는 부조화한 인생! 이러한 슬픔, 괴로움의 원인은 모두 중도의 마음을 상실한 행동에 있다. 많은 사람들은 욕망의 와중에 자신을 매몰시켜 거기서 빠져나올 줄 모르며 빠져나올 생각조차 하지 않고 있다. 어떤 자는 인생에 실망하여 인간으로서의 사명을 완수하지 못한 채 스스로 자신의 목숨을 끊기도 한다. 하지만 인생은 결코 이해할 수 없는 것이 아니다. 다만 난해難解할 뿐이다.

이 난해한 인생을 가장 알기 쉽게 인생의 목적과 사명을 설명한 빛의 천사가 있다. 다름 아닌 예수님과 석가모니 부처님이다. 그러나 그들의 설법도 오랜 역사를 거쳐 오는 동안 많은 승려와 학자들의 지식知과 생각意에 의해서 변질되어 버렸다. 철학화, 의식화, 심지어는 상업화로 타락하고 말았다.

기독교도 불교도 학문화, 철학화, 상업화되었기 때문에 그 가운데에서 진리를 찾아보기가 어렵게 되었다. 즉 이치는 알고 있는데 상념과 실천의 방법이 모호해졌다. 마음이 없는 종교, 실천이 없는 종교가 현대 사회를 왜곡하였다고 해도 과언이 아니다. 오늘날 우리가 구원받을 수 있는 유일한 길은 지식知과

생각意으로 도금된 기독교와 불교를 버리고 본래의
예수님과 석가모니 부처님의 가르침을 되찾는 길이다.

학문 종교, 관광 종교, 의식 종교로서는 현대 사회의
인간의 마음을 구제할 수 없다. 타락된 종교로써는
인생의 목적과 사명을 깨달을 수 없을뿐더러 제멋대로
인생을 밟게 되고 물질 경제의 노예가 되어 본성을
잃은 자가 수없이 많아진다. 진리의 철학화, 종교
전문화에 의한 타력 신앙, 이익주의 종교의 탈바꿈, 신의
대량 생산화 등은 종교의 왜곡상을 단적으로 보여 주고
있다. 그래도 대중은 마음의 보금자리를 찾아헤맨다.
종교를 왜곡시킨 지도자의 죄는 무겁다.

경經은 일상생활의 방도를 가르치고 있다는 점을
잊어서는 안 된다. 예수님과 석가모니 부처님의
가르침은 진리이며 인류의 마음의 고향이다. 우리는
이 마음의 고향으로 돌아가야 한다.
인간은 육체 조상의 관습이나 종교적 관례에 따라
생활하고 있으므로 자기의 종교가 정법正法인지
사법邪法인지 확실하게 구별조차 못하고 있다. 그래서
사찰, 교회가 신이 존재하는 곳, 기도하는 장소로
착각되어 어느새 기복 신앙, 타력 신앙으로 타락하고

말았다.

사찰, 교회는 살아있는 인간에게 신의 자녀로서의
자각심을 일깨워주고 진리를 실생활에 실천하도록
가르쳐주는 교실이어야 한다. 예수님도 석가모니
부처님도 신에게 제사를 지내거나 우상을 세워 중생에게
예배·예불을 하도록 하지 않았다.

석가모니 부처님의 설법장소였던 라자그리하
교외郊外의 베르베나(죽림정사)나 시라바스티 교외의
젯다베나(기원정사), 그 밖의 많은 정사精舍들은 여러
나라의 왕이나 장자長者들에 의해서 세워진 것이었지
교단에 의해서 세워진 것은 아니었다. 그리고 그 정사는
비구와 비구니들의 숙소요 진리를 설법하는 전당이었지
결코 신에게 제사 지내거나 우상을 받드는 곳이
아니었다. 때로는 그리그랏드의 산정山頂이나 공원의
광장 등이 설법의 장소가 되기도 했다.

한편 이스라엘에서 진리를 설교한 예수님도 신이나
우상 앞에서 공양 예배는 하지 않았다. 자신의 사명을
깨닫고 병든 중생에게 사랑의 손길을 뻗어 때론
요르단강에서 때로는 나사렛 언덕에서 혹은
헤르몬산에서 진리를 설교하였다. 이렇게 설법된 진리는

오늘날에 와서도 불멸이며 우리들은 예수님이나 석가모니 부처님 당시의 원점으로 되돌아가야 한다. 거기 진짜 마음의 진리가 있으며 경문의 바른 정신이 있다.

종파의 싸움이나 파벌의 추한 투쟁을 버리고 진리의 대도大道 위에 종교를 올려놓지 않으면 안 된다. 그렇지 않으면 머지않아 중생들의 버림을 받게 된다. 종파의 고집은 나 자신을 구제할 수 없을 뿐만 아니라 파멸로 몰고 간다는 것을 알아야 한다. 진리의 실천이 따르지 않는 학문 종교는 지식에만 머물 뿐 마음이 없기 때문에 일상생활의 행위는 위선이 되기 쉽다. 행위와 진리는 불이일체不二一體라는 것을 깨닫게 되면 인간으로서 태어난 목적과 사명, 나 자신의 인생의 가치를 스스로 알게 된다.

예수님과 석가모니 부처님이 설법한 진리는 오랜 세월이 흐르는 동안 변질되었으며 마침내 말법末法이 되고 말았다. 그 결과 중생은 마음을 상실하고 부조화한 생활의 늪에 빠져 사회 혼란의 원인을 만들고 있다.

물질경제 지상주의物質經濟 至上主義의 현대사회가 과연 인간에게 마음의 평안을 줄 수 있을까. 마음의 평안을

얻을 수 없기 때문에 중생은 신을 찾고 있으며 마음을
얻으려고 헤매고 있지 않은가. 말법 시대이기 때문에
상업 종교, 타력 신앙을 맹신, 광신하여 본성을 잃고
있다.

어떤 사람은 신의 존재를 부정하고 유물 사상에 심신이
빼앗겨 인간 사회는 계급투쟁을 거쳐서 발전해 가는
것이며 물질문명도 거기서 번영해 간다는 사고방식에
젖어 있다. 그런 지식知과 생각意에 의한 인간의 사상은
실은 동물적 본성인 것이므로 약육강식적 투쟁과 파괴의
사회를 만들어 내는데 기여하고 있을 뿐이다.

그들의 사상과 행동은 현대에도 계승되어 물질 우선
심부재心不在의 폭력에 의한 피의 혁명을 실행하려고
혈안이 되어 있다. 그래서 그들이 설령 일시적인 성공을
거둔 적이 있다고 하더라도 정심正心의 인간까지는
도저히 굴복시킬 수 없다는 것을 결국은 깨닫게 될
것이다. 권력이나 폭력의 힘으로 일시적으로 사상을
통일하였더라도 자유를 욕구하고 평안을 갈구하는
인간의 마음을 억제할 수는 없는 노릇이다.

마음을 상실한 지식知과 생각意만으로 무장된
지도자에게 세뇌된 사상은 어디까지나 도장塗裝에

지나지 않다는 것을 알아야 한다. 언젠가는 그 도장의
칠이 벗겨져 인간 본래의 신성神性이 드러나게 마련이다.

　괴로움의 원인은 진리에 거스른 부조화한 상념과
행위가 만들고 있다. 부조화한 사상은 투쟁과 파괴를
불러일으켜 괴로움과 슬픔의 현상으로 나타나 순환한다.
왜냐하면 투쟁으로 쟁취한 것은 언젠가는 투쟁에 의해서
상실되는 것이기 때문이다.

　부조화한 사상으로 마음의 괴로움을 해결할 수는 없다.
인간의 마음은 무한대로 넓으며 지식知과 생각意의
산물인 협소한 사상의 올가미로 묶어둘 수 있는 것이
아니다.
마음은 상상하는 것도 생각하는 것도 자유자재이며
그 누구도 제약할 수 없으며 그 누구로부터도 제약받을
수 없는 것이다. 제약制約할 수 있는 것은 자기 자신
이외에는 없다.

　선인가 악인가의 판단은 진리인가 아닌가에 의해서
결정된다. 나 자신의 올바른 마음을 충실하게 지니고
인생을 영위하고 있는가, 그리고 자기중심이 아니라
남의 입장을 고려하면서 중도中道의 척도로써 생활하고
있는가에 따라서 선악은 결정된다.

진리는 불변이며 인간의 지식知과 생각意으로서 바꿀
수 없는 것이다. 진리는 신의 지혜요 마음이며 뜻이라는
것을 우리는 명심하지 않으면 안 된다. 그런데 인류는
오랜 역사의 과정에서 조화와 파괴가 동거하는 사회를
만들었으며, 오늘날의 물질적 사고방식이 당연한 것처럼
되어버렸다. 이 사고 방식은 큰 잘못이다. 인간은 만물의
영장이며 신의 자녀임에도 불구하고 무엇보다 우선하는
마음을 잃어버렸다.

대자연의 만생만물은 모두 상호 작용에 의해서
존립하며 대조화의 모습을 보여주고 있다. 우리들의
육체에 있어서도 한 개의 세포가 이상해지거나 또는
한 기관器官이 부조화를 일으키면 여러 가지 변조가
나타난다. 즉 질병이라는 현상이다. 그러면 우리들은
병원이다, 의사다, 약이다 하고 당황한다. 조화는 질병을
극복할 뿐만 아니라 인류의 수행 목적의 으뜸가는
과제이다. 그럼에도 불구하고 지배 계급과 피지배
계급의 투쟁을 운운하는 이 현실 사회의 양상으로 과연
인류가 행복해질 수 있을까. 부조화한 행위가 인류를
행복으로 이끌 수는 없다. 왜냐하면 물질경제
지상주의에는 마음이 없으므로 진정한 마음의 평안을

얻는다는 것은 가망 없는 일이기 때문이다.

폭력으로 항거하는 사람들의 인생에 과연 진정한 자유와 평화가 존재하는 것일까. 어제의 동지는 오늘의 배신자라는 말처럼 남을 믿지 못하는 마음은 지옥의 아수라계에 통하고 있으며 그런 인생은 실로 어리석은 것이라고밖에 할 수 없다. 이러한 결과를 초래한 것은 지배 계급의 횡포가 대중의 불만을 불러일으켜 생겨난 것인 만큼 지배층은 잘 반성해야 한다.

설령 자신의 노력으로 이룩한 경제력이나 지위라 할지라도 거기에 만족할 줄 모르고 보다 많고 높은 것을 탐내고, 없는 자에게 베푸는 자비심도 없으며 자아아욕, 자기보존의 권력가가 된 인간은 참으로 불쌍하고 저속한 자들이다. 사회에 이런 사람들이 많으면 혼란이 그칠 날이 없다.

원인과 결과, 작용과 반작용의 법칙은 대자연의 진리이며 우리의 육체뿐만 아니라 의식에도 작용한다. 신의 자비, 즉 육체 보존을 가능하게 하고 있는 자연의 환경에 대해서 감사의 마음을 가진다면 그것을 행동으로 표시하지 않으면 안 된다. 그 행위가 보은報恩이다. 인간 사회의 조화를 자기의 능력 범위 내에서 봉사하는 것이

인간 상호의 진리를 다질 수 있으며 조화와 평안의
사회를 구축하는 원동력이 된다.

　인간은 원래 누구든지 평화를 원하고 있다. 슬픔이나
괴로움을 원하는 사람은 아무도 없다. 그런데 인간은
눈앞의 현상에 집착하여 마음을 잃고 스스로 슬픔과
괴로움의 원인을 만든다. 마음이 없는 지적知的
사고방식이 부조화한 사상을 낳고 표면적인 물질경제의
추구에 몰두하게 되며 인간 본래의 목적과 사명을 잃고
있다. 그래서 괴로움과 아픔의 불평등한 사회를 만들어
불행을 되풀이하고 있다. 이와 같이 물질경제가
근본이라고 생각하고 있는 한 인류는 조화의 틀이 잡힌
사회를 완성할 수 없다. 물질문명은 생활의 지혜에
지나지 않으며 결코 정신문화나 마음의 진화가 아니라는
것을 명심해야 한다.

　현대인은 물질경제에 사로잡혀 여러 방면으로 욕망의
노예가 되었다. 이 노예에서 해방되는 것이
인간으로서의 본래의 성품인 신성神性을 되찾을 수 있는
첫걸음이다. 진리에 따라 인생을 엮어가는 것, 이것이
행복으로 통하는 길이다.

# 조화로운 길

현대 사회의 잘못된 점은 인생의 목적과 사명을
상실한 생활환경에 있다.

긴 역사는 인류가 연출한 투쟁과 파괴, 전쟁과 평화의
되풀이였다. 당대의 권력자는 무력이라는 물리적 힘으로
봉건 사회를 만들어 자신의 번영과 안전의 삶을 중생의
희생 위에 구축했다.

권력자와 손을 잡은 상인들은 물질과 경제력으로
자신들의 사회적 지위를 다져나갔다. 하지만 봉건
사회는 자신의 뿌린 씨앗인 폭력에 의해서 이웃의
침공을 받고 무너진다.

권력은 세대교체가 된다. 재벌들은 자본주의 사회의
터전을 닦고 변함없는 경제력을 많은 중생들의 희생
위에 구축하여 자기보존과 자아아욕의 집착에서 벗어날
줄 몰랐다. 이런 불평등한 사회에 대하여 중생은
사회주의 사상에 물들어 약자의 단결이란 기치를 들고
자본가와의 대립 투쟁에 몸을 던진다.

한편 지주들은 소작인의 머리 위에 앉아 불평등한
사회를 구축하고 있다. 약자가 일어날 수 없는 사회
제도는 계속된다.

인간은 물질문명의 환각에 사로잡혀 스스로 만든 환경
속에서 더욱 물욕의 불꽃을 태우면서 노사 공히 만족할
줄 모르는 아귀도餓鬼道에 빠져 물질경제의 노예가 되어
있다.

많은 인간들은 본심을 잃고 본능이 유혹하는 대로
사회악을 저지르고 있으며 매스컴은 또한 인간의 동물적
본능을 자극하는 기사에 열을 올려 사람의 마음을
올바르게 인도하는 길을 외면하고 있다.

교육자들 가운데에서도 극단적인 사상에 마음이
빼앗겨 제자들에게 배척당하는 일이 비일비재하다. 이런
세상을 과연 문명세계라고 할 수 있을까.

이성理性을 상실한 인간들의 사회, 말법의 사회라고 하지 않을 수 없다. 지금이야말로 전 인류가 각성할 때이다. 마음을 상실한 물질과 경제 지상至上의 자본주의나 사회주의로써는 조화 있는 사회를 만들 수 없다.

자기 자신을 물질 경제의 노예에서 해방시키는 일이 선결문제이다. 노사의 투쟁은 양쪽 모두를 더 고통스럽게 만들고 있다. 공해 문제를 비롯하여 물가의 불안정, 동물적 본능, 사회의 무질서 등이 인간의 목을 죄고 있다.

경영의 합리화만으로는 경제 사회의 근본적 해결은 불가능하다. 노사의 대립은 임금의 해결만으로는 근본적 해결이 불가능하다. 그 길은 오직 하나뿐이다. 진리를 깨닫고 인간은 모두 형제이며 같은 시대에 태어난 동기생이라는 것을 인식하고, 지금의 환경은 자기 자신이 선택한 것임을 상기하여 서로 인연으로 묶여 다 함께 인생 수행장에 내려와 있다는 것을 자각해야 한다.

노동자는 일할 수 있는 일터에 대해서, 고용주는 노동자에 대해서 서로 감사하는 마음을 가지고 생활의 근거이자 영혼의 수행장인 일터에서 최선의 땀을 쏟아야

한다. 땀을 흘려 좋은 결과를 맺는 것이야말로 훌륭한
보은의 행위이다. 노사 쌍방이 서로 감사하는 마음을
가지고 보은의 실천을 하고 있는 일터에는 투쟁과
파괴는 있을 수 없다.

우리가 최선의 노력을 기울이고 스스로 만족할 줄 아는
생활을 할 때 물가도 안정되고 공해公害라는 부조화한
현상도 소멸될 수 있다.

노사의 지도자들은 이러한 진리를 따르지 않는 한
언젠가는 자신을 멸망으로 몰고 가게 될 것이다. 투쟁과
파괴는 만물의 영장인 인간이 택할 길이 아니라는 것을
뼈저리게 깨닫게 될 날이 있을 것이다.

양보하는 마음, 희생하는 마음을 일상생활에 실천으로
구현해야 한다. 몽매한 어린 양떼들을 양극단의
사상으로 선동해서는 안 된다. 그 선동은 자기
자신에게도 부조화한 상념이 되어 평화스러운
안심입명을 잃게 한다.

자신의 체면이나 지위나 명예 등에 대한 집착을 버려야
한다. 이것이 평안에의 지름길이다. 인간답게 즐거운
인생을 보내는 것이 행복의 길이며, 유토피아를
건설하는 밑바탕이 된다는 것을 알아야 한다.

# 시간

우리는 이 세상에 태어나기 전에 자신의 카르마 수정과 영혼의 단계를 높이기 위해 수행 장소로 알맞은 환경을 선택하고 부모나 친구 등을 미리 계획했다. 하지만 이 세상에 태어나는 순간 저 세상과 전생의 모든 기억을 잊어야 하는 틀 안으로 들어가기 때문에 잊고 살 뿐이다. 말하자면 망각과 상실의 인생을 시작하게 되는 것이다.

치밀한 계획을 세워서 태어났듯이 죽음도 마찬가지다. 대부분의 경우 죽기 21일 전부터 자신의 죽음이 얼마 남지 않았다는 것을 느끼고 준비를 하게 된다. 죽은 후

21일 동안 이 세상에 머물 수 있는 시간이 주어지는데, 그 동안에 이 세상에서 맺었던 모든 인연과 이별하고 청산해야 한다. 만일 21일이 지났는데도 미련이 남아 있는 영혼은 자박령이 되어 이 세상에 머물 수밖에 없다. 죽은 후 21일이 지나면 수용소와 같은 곳에 가게 된다. 거기서 28일 동안 이 세상에서 지은 사념과 행위 일체를 반성해야 한다. 이것이 영혼으로서 지켜야 할 규칙이다. 이 세상을 떠난 후에도 이 세상과 저 세상을 분간 못하고 어두운 암흑의 세계로 직행하는 자도 있다.

　이 세상을 졸업한 후에 주어진 21일간의 여유를 가질 수 있을 만큼 최소한의 성공적인 인생을 살아야 할 것이다. 그러기 위해서는 이 세상에 사는 동안에 마음속의 선한 사념을 작은 선행이라도 좋으니 실천해야 한다.

　석가모니 부처님은 많은 체험을 통해서 "일상생활의 체험 속에 영혼으로서의 깨달음이 숨어 있다."고 중생을 가르쳤다. 그것이 깨달음의 길, 반야바라밀다의 길이다. 이 세상의 모든 만물은 태어나고 반드시 죽는다. 만물의 영장인 인간도 태어나서 늙고 병들어 죽는다. 생로병사의 번뇌와 집착이라는 마음의 무거운 짐을 지고

괴로운 길을 걷는다. 이것이 물질세계를 살고 있는
인간이기 때문에 피할 수 없는 번뇌다.

신은 인간에게 선택의 자유, 창조의 에너지, 반성의
능력이라는 특권을 주었다. 인간은 언제부터인가 이
특권을 잘못 사용하여 불행의 길로 접어들었다. 번뇌는
욕심으로 집착을 만들어 스스로의 마음을 묶고
괴로워하는 행위다. 모든 번뇌는 욕심을 부리는
마음에서 비롯된다. 외부에서 들어온 것이 아니라
자신이 스스로 불러일으킨 정신적 고통이다.

석가모니 부처님은 "집착이란 마치 중병환자가 병에
해로운 음식을 먹어대는 것과 흡사한 것이라."라고
가르쳤다. 인간은 영원히 집착을 버리지 못하고 시도
때도 없이 괴로움을 만들어 자신을 힘들게 하고 있다.
그렇다면 이 집착을 버리기 위해서는 어떻게 해야 할까?
우선 집착이란 원래부터 있는 것이 아니라 자신의
욕심이 만들어내고 있다는 사실을 알아야 한다. 집착과
번뇌에서 벗어나기 위해서는 여덟 가지 바른길을
마음의 잣대로 삼고 생활하는 길밖에 없다.

여덟 가지 바른길이란 중도의 잣대를 지팡이로
의지하고 신의 뜻인 조화를 목표로 삼고 상부상조하며

사는 방법이요 도리이다. 그리고 순간순간의 대조화의
마음이야말로 무한한 지혜가 공급되는
파이프라인이라는 것을 잊어서는 안 된다.

　그런데 우리는 어떻게 살고 있는가.

　우리는 이 좁은 지상에서 만족할 줄 모르고 욕심을
부려 결국 괴로움을 짓고 잘잘못을 가리기 전에 먼저
남의 탓으로 돌려 미워하고 원망, 시기, 질투,
불평불만만을 하다가 싸우고 살인까지 저지르고 있다.
개중에는 자신이 사는 환경과 조건을 원망하는 사람도
있다. 인간만큼 어리석은 존재도 없다.

　"우리들은 날마다 무엇을 하고 있는가." 영혼으로서의
자신을 생각해 보아야 한다. 예수님, 석가모니 부처님
원래의 가르침으로 돌아가야 한다.

　더욱이 이 좁은 지상에 신전을 세워 그 신전 속에 신이
살아 있는 것처럼 말하며 중생을 모아 구걸하는
행위야말로 기묘한 일이 아닐 수 없다. 나아가
하늘나라가 열리기를 기다리는 어리석은 자도 있다.

　우리가 살고 있는 순간순간 하늘나라의 품속이며,
각자의 마음속에 신이 살아 계신다는 것을 왜 모르고
있단 말인가.

앞으로 새로운 시대는 현재 인류가 쓰고 있는 연료가 석탄에서 석유로 바뀐 것처럼 새로운 연료가 발견되어 인류는 석유 시대에서 벗어날 것이며, 과학자들은 진공眞空의 존재에 눈뜨기 시작했고, 반도체에서 기전도체起電導體로 진보하고 있다. 조금 있으면 종교와 과학이 둘이 아니라 하나임을 인정하는 시대가 곧 올 것이다.

'시간은 사람을 기다리지 않는다.'

시간의 흐름 속에서 인간은 무언가에 쫓기며 그 흐름에서 도피하려는 마음이 있다. 시간이란 보이지 않는 것이기 때문에 결코 밖으로 벗어날 수 없다.

인간은 어떤 일을 하고 있을 때 '빨리 시간이 흘러갔으면' 혹은 '시간이 좀 더디게 갔으면' 하는 바람을 가진다. 이는 시간에 구속당하고 있음을 의미한다. 시간 속에서 시간에 묶여 현생의 생활이 끝난다는 것을 의미한다.

무형의 속박에서 도망치려는 마음은 이해할 수 있지만, 시간 안에서 죽을 때까지 함께 살아야 한다. 하지만 영혼의 나는 영원한 생명이기 때문에 결코 시간의 지배를 받지 않는다. 시간과 공간을 초월한 세상 그것이 저 세상의 실상이다.

우리는 알아야 한다.

과거·현재·미래는 한 점 속에 있다는 것을.

# 겸손

자신에겐 더욱 엄격하고 타인에겐 관대한 마음을 가지고 '익을수록 고개를 더 숙이는 벼이삭' 이란 격언처럼 겸허한 마음과 행동으로써 자신을 다스려 나가는 것이 도道이다.

인간은 남보다 앞선 지위, 명예, 가문, 특기 등으로 우월감에 젖고 오만에 빠지기 쉽다. 인간이 거만해지면 그 마음은 이미 몰락의 내리막길을 치닫는다.

작용과 반작용의 법칙은 인생의 진리이며 어김없이 작용하고 있는 산 법칙이다.

인간의 마음은 일념삼천一念三千이라는 말과 같이

어디라도 통하는 것이며 행복해지는 것도 불행해지는
것도 모두가 다 자신이 만들어 내는 상념행위의
결과이다. 이 점을 깊이 명심해야 한다.

일념삼천이란 사람의 마음은 어느 것에라도 통한다는
말이다. 악을 생각하면 악, 선을 생각하면 선에 통한다.
마음의 바늘은 이 세상뿐만 아니라 저 세상까지도
그대로 통한다. 그러므로 오관五官에 좌우되어
자기보존의 마음으로 성내고 남을 미워하고
시기질투하면 그러한 상념들이 모여 있는 지옥계로
통하여 나중에는 자기 자신이 그와 같은 상념의 와중에
빠져들어 그것이 온갖 장애가 되어 생활상의 문제를
야기하기에 이른다.

반대로 넓은 마음으로 사랑과 자비의 생활, 남을
살리는 봉사를 실천하고 있으면 천상계로 통하여
자기를 보호하는 수호령과 지도령의 빛을 받게 된다.

사람의 마음은 둥글고 크고 넉넉한 것이다. 넓은
마음은 빛의 천사의 인도를 받는다. 언제 어디를
가더라도 통신이 가능하며 그 사람을 선도善導해 준다.

육체 인간은 내일의 생명조차 알지 못한다. 그런 만큼
방황한다. 그러나 그러한 방황 속에 있더라도 법칙을

실천하고 신을 믿고 넓은 마음을 잃지 않으면 반드시 그 사람의 앞길은 희망으로 밝아진다. 오관에 사로잡힌 좁은 마음은 넓고 크고 자유로운 마음을 스스로 폐쇄하는 것이다.

일념삼천이란 말은 중국의 천태지의라는 고승이 썼던 말이다. 일념一念이란 상념의 바늘이다. 이렇게 하고 싶다, 저렇게 하고 싶다, 이것이 먹고 싶다, 저것이 갖고 싶다 등의 상념이다. 인간은 두 가지 일을 동시에 생각할 수 없다. 하나밖에 할 수 없다. 그 하나로서 악을 생각하면 지옥계로 통하고 선을 생각하면 천상계로 통한다. 따라서 악을 생각해서는 안 된다.

삼천이란, 3이라는 수는 나눌 수 없는 수이다. 2나 4나 6은 나눌 수 있으나 3은 나누어지지 않는다. 천이라는 표현은 큰 것을 의미한다. 그래서 3천이라고 하면 무한대라는 의미가 된다.

일념삼천은 우리의 생각이 무한대의 방향으로 달려간다는 뜻이다. 악을 생각하면 악의 극으로 선을 생각하면 선의 극으로 통한다. 일념삼천을 각도를 달리하여 해석하면 사람 마음의 무한성, 즉 자유를 말하고 있다. 그러나 자유로운 마음을 악에다가 연결시키면 이윽고 자기 자신의 목을 조르는 결과가 되고 만다.

대체 악이라든가 선은 무엇을 기준으로 하고 있는 것일까. 보통은 사람을 죽여서는 안 된다, 남의 물건을 도둑질해서는 안 된다 등으로 해석한다.

물론 도둑질하거나 살인하는 것은 악임에 틀림없다. 그런데 섭리에서 말하는 선과 악은 그와 같은 행위보다는 그 행위 이전의 마음을 큰 문제로 삼는다. 곧 가지고 싶은 마음, 남을 미워하는 상념은 '자기가 소중하다.', '자기만 좋으면 된다.' 는 자기 보존과 아욕我慾이 있기 때문이다. 만약 이와 같은 자아가 없다면 도둑질하거나 가로채거나 하는 마음은 일어나지 않을 것이다.

일체의 악은 자기보존이다. 자기보존에서 출발한다. 자기보존을 중도로 돌려 만족할 줄 아는 생활을 해 나가면 이 세상은 조화된 사회가 될 것이다.

신의 심판은 사람의 행위는 물론이요, 그 행위의 원동력이 되고 있는 마음, 즉 자기보존의 상념, 악의 일념을 더욱 중요시한다. 그러한 의미에서 우리는 악을 생각하지 말고 항상 선한 생각을 가지고 섭리에 맞는 생활을 해나가도록 하지 않으면 안 된다.

　가정의 불화, 질병, 사업상의 문제, 공해 등 온갖
괴로움은 자기보존의 만족할 줄 모르는 욕망이 작용한
결과임을 알아야 한다.

# 3부

# 마음, 우주 생명과 상통하는 인간의 본성

마음에서 길을 찾다

# 의식

의식이란 영혼을 말한다.

이 의식은 우리의 육체를 지배하며 영원히 변하지
않는 자신의 주인공이다. 저 세상과 이 세상을
전생윤회轉生輪廻하면서 지상 환경에 적응한 육체를
지니고 자신의 영혼을 연마하면서 신체神體인 이 세상을
평화스러운 유토피아로 만들기 위해서 우리는 지금
지상에 태어났다.

우리들의 육체는 이 세상에 적용할 수 있도록 신神의
설계에 의해서 만들어진 수행의 배舟이다. 그리고 차원이
다른 의식의 세계야말로 저 세상의 '세계'이며

이 세상은 저 세상의 수행장에 지나지 않는다.

인간은 자신의 영혼을 보다 고차원으로 진화시키기 위해서 고락苦樂이라는 인생 항로가 필요하다. 영혼이 육체의 배를 타게 되면 신의 자식으로서 사명을 자각하기는커녕 육체의 눈眼 · 귀耳 · 코鼻 · 혀舌 · 몸身이라는 오관에 사로잡혀 그 본성마저 잃고 만다.

저 세상에서 약속하고 다짐했던 일들을 깡그리 잊어버리는 사람이 대부분이다. 조상과 가문, 지위, 명예 그리고 자신의 육체에 집착하게 된다. 참으로 어리석은 것이 인간이다. 의식 즉 영혼이야말로 진짜 자기 자신이라는 것을 알아야 하며 육체 오관이 감지하는 이 세상에 마음이 사로잡혀 자신의 본성을 잃는 일은 없어야 한다.

물질에는 에너지가 공존하고 있다. 일을 할 수 있는 능력을 에너지라고 하는데 우리는 그것을 육안으로 볼 수 없다. 에너지 입자가 집합하여 이루어진 물질에 관해서는 계량과 실험, 데이터 등을 수학적으로 산출해서 객관적인 고찰이 가능하다. 그리고 육체적인 요소에 관해서는 그 모습을 육안으로 관찰할 수가 있지만 의식을 육안으로 보는 것은 심안이 열린 사람이외에는 불가능하다. 그런데 볼 수가 없는 것임에도 불구하고 우리들은 정신적으로 고민했을 때 어째서 피로를 느낀단 말인가.

우리들이 육체노동에 의해서 피로를 느끼는 것은 당연하다. 피로하다는 것은 에너지를 소모하고 있다는 것을 의미한다. 육체노동에 의해서 소모된 에너지는 동물, 식물, 광물의 에너지를 흡수함으로써 회복된다. 타액과 함께 식도를 통해 위 속으로 들어가서 위액과 함께 소화되어 피나 살이나 뼈가 된다.

이때 타선에서 입안에 분비되는 소화액은 소화를 돕는 미세한 균이다. 이 세균은 매우 작은 것이며 그들은 아마 우리의 위를 거대한 우주로 생각하고 있을 것이다. 마치 우리들이 거대한 우주를 바라보며 놀라고 있듯이 육체의 세포 집단을 은하계 우주처럼 바라보고 있을지 모른다. 이 조그마한 세균 하나가 부조화를 일으켜도 우리들의 육체는 변조를 일으킨다.

이처럼 인류의 부조화가 얼마만큼 지구에 영향을 미치고 대우주에 해를 끼치는가 하는 것은 상상하고도 남음이 있다. 조화調和야말로 우리 인류의 지상至上 과제가 아닐 수 없다.

이 대조화의 법칙을 잊어버리게 되는 원인은 우리의
영혼이 육체의 옷을 입게 되면 잠재의식과 표면의식의
비율이 달라져서 자신의 본심을 망각하게 되고
자기보존과 아욕의 포로가 되고 말기 때문이다.

마치 물이 온도에 따라서 고체, 액체, 기체라는 세 가지
모습으로 변화하듯이 의식의 표출 비율도 변화한다.
변화는 하지만 물로서의 본래의 $H_2O$에는 변함이 없다.
다만 $H_2O$ 중의 열에너지 입자가 변화할 따름이다.
온도가 영도 이하가 되면 $H_2O$의 분자는 집중되어
고체가 되고 거꾸로 온도가 상승하면 열에너지 입자는
분산되어 수증기가 된다. 같은 성질인 $H_2O$도 온도의
변화에 따라 고체, 액체, 기체의 세 가지 모습으로
변화함과 동시에 그 비중도 차이가 난다.

액체인 물속에 얼음 덩어리를 넣으면 서로의 비중이
다르기 때문에 얼음덩어리는 떠서 수면에 고개를
드러낸다. 그러나 대부분은 물속에 잠겨 있다. 그 비율을
보면 약 10%가 수면에 나오고 90%는 수중에 잠겨 있다.
이와 마찬가지로 우리들의 의식도 저 세상 이 세상을
왕래하면서 그 본질에는 변함이 없다. 다만 의식의
승용차가 달라질 뿐이다.

이 세상에 육체를 지니고 태어나면 표면의식은 10%가
되고 90%라는 대부분의 의식은 잠재의식으로 숨어
버린다. 때문에 우리는 영혼(의식)의 수행을 하지 않으면
안 된다.

슬픔이나 괴로움이 많은 험난한 인생 항로에서 자신을
똑바로 보고 육체의 지배자인 마음과 잘 상의해서 여덟
가지 바른길의 생활을 실천해야 한다. 그러면 마음의
문은 열릴 것이며 인간으로서 태어난 목적과 사명도
깨닫게 된다. 이때의 기쁨은 말로써는 표현 못할 정도다.

자기보존, 자아아욕에 의해서 만들어진 어두운 상념이
표면의식과 잠재의식의 조화를 방해한다. 어두운 상념의
구름에 의해서 신神의 빛을 받을 수 없게 되어 인간은
슬픔과 고통의 인생을 스스로 피할 수 없게 된다. 진리에
의존한 생활 이상으로 우리를 기쁘게 하는 길이 없다.
아무리 영적 능력이 있다 하더라도 진리를 깨닫지 못한
자들은 자비도 사랑도 겸손도 없으며 오만에 빠져
버린다.

종교 지도자들은 바른길〔正道〕을 실천해서 그에 따른
생활을 체험하고 올바른 판단을 할 수 있게 된 연후에
신도들을 지도해 나가야 한다. 신의 가르침을 설법할

경우에도 교단이나 종파를 고집하여 진리를 왜곡하는 일이 없어야 한다.

지식으로 습득한 학문적인 사고방식에 젖어 실천이 따르지 않는 종교가 과연 진리라고 할 수 있을까. 10%의 표면의식에 의한 가치 판단은 번뇌에 떨어지기 십상이다. 자기 보존적인 사고방식을 떨쳐 버릴 수가 없고 외면적인 현상에 사로잡히기 일쑤이기 때문이다.

의식의 중심인 마음, 이 마음이 감동했을 때에는 누구든지 가슴에서 치밀어 오르는 그 무엇을 느낀다. 가슴에서 치밀어 올라 눈물이 나오는 그런 감각을 통해서 우리는 마음의 존재를 간접적으로 짐작할 수 있다. 이 속마음이 우리들 과거세의 기억과 위대한 지혜의 보고寶庫에 다름 아니다.

100세의 인생 경험은 향불과 같은 짧은 것이지만 우리의 영혼은 몇 억 몇 만 년 그칠 줄 모르는 전생윤회轉生輪廻를 거친 모든 경험을 잠재의식 속에 간직하고 있다. 현재 자기 자신의 마음 상태는 과거세의 자신 경험의 축소형 내지 상사형相似形에 다름 아니다.

어느 때는 임금이었으며 어느 때는 거지였기도 했다.

또 예술인, 시인, 승려 등 저마다 여러 가지 인생의
경험을 거친 후 지금의 자신이 있다는 것을 알아야 한다.
그런데 육체를 지니게 되면 이러한 과거세의 축적된
경험을 알아보기가 힘들다.

그러나 진리를 깨닫고 올바른 생활을 함으로써
잠재의식의 문이 열려 수호령이나 지도령의 도움을 받아
축적된 지혜를 끌어내어 더욱 풍부하고 뜻 깊은 인생을
보낼 수 있게 된다. 이러한 생활이야말로 신의
자녀로서 참다운 자세이다. 그런데 인류는 물질문명의
노예가 되어 자기보존, 자아아욕의 어두운 상념에 싸여
투쟁과 파괴의 역사를 만들고 말았다.

이 때문에 인류의 부조화한 상념이 신체의 일부인
이 지구의 영역靈域을 무너뜨렸고 지구는 어두운 상념에
덮여 신의 빛을 받을 수 없게 되었으며 지금도 그런
상태이다.

우리들의 마음이 진리를 깨달은 생활을 하고 있으면
육체에서 발생하는 후광이 금색으로 보이지만 마음이
부조화한 사람들의 후광은 어둡고 빛이 희미하다.

가정도 조화를 이루면 그 집에서 환한 후광이
나타난다. 이러한 가정은 모든 가족들의 마음이

아름답고 화목하며 질병과 재난이 없는 행복한
환경으로써 신의 빛에 싸여 있다.

반대로 어두운 상념의 가정은 가족들이 음울하고
웃음이 없는 생활을 하고 있다. 환자나 돌발 사고가 자주
발생하며 신의 빛을 받을 수 없다.

가족들 마음의 조화도가 좌우하기 때문에 그 부조화한
원인은 어디까지나 가족들 자신이 만들어내고 있다.
자기보존, 자아아욕이 강한 사람들의 집단은 한 국가의
영역마저도 어두운 상념으로 덮고 만다. 나라의 혼란은
국민 한 사람 한 사람의 마음의 혼란에서 온다.
지도자에게 그 책임을 전가시키기 전에 국민 각자가
마음을 자각하는 일이 무엇보다도 시급하고 중요한
일이다.

물질의 노예에서 자신을 해방시키고 만족할 줄 아는
생활 가운데 진정한 평화, 진정한 인생이 있다는 것을
우리는 알아야 한다.

마음의 존엄성을 깨달아 잠재의식의 문을 열고 지식의
학문을 마음속에 흡수하여 생활에 실천함으로써 자신을
더욱 연마하고 나아가 사회와 인류를 위해서 정신적,
물질적, 육체적 봉사를 아끼지 않을 때 진정한 보살심이

싹트게 된다. 보살심에는 용기가 따르는 법이다.

잠재의식의 무한대의 보고寶庫는 법칙에 따른 자신의 노력과 수호령, 지도령의 협력으로 열 수 있다. 마음의 왕국 지배자는 어디까지나 자기 자신임을 잊어서는 안 된다. 그러나 대부분의 학자들은 과거의 케케묵은 문헌이나 지식知과 생각意으로 개조된 경經을 보물단지처럼 안고 있을 뿐, 자기 자신의 올바른 마음속을 들여다 볼 생각은 하지 않고 있다.

자연과학 분야에 있어서는 문헌은 도움이 되지만 종교적인 서적의 대부분은 인간의 지식知과 생각意이 가미되어 마음을 상실한 경우가 많다. 상담자의 생년월일이 좋고 나쁨을 구별한다든가 가문이 어떻다든가 쓸데없는 것에 신경을 쓰고 있다. '진짜 마음'의 문제야말로 중요한 일이다. 여기가 본가의 정통파이고 저기는 분원이다 등으로 종파 내에서의 세력 싸움은 이미 불법도 아니고 진리도 아니다. 이러한 형식주의는 마음을 잃은 말법의 모습 이외 아무것도 아니다.

중요한 것은 형식이 아니라 '마음의 상태와 행위'이다. 종교가 진리를 잃고 형식주의에 빠져 중생에게 인생의

목적과 사명을 설법할 수 없다는 것은 화석화된
전세대의 유물이라고밖에 표현할 길이 없다.

그 원인은 오랜 역사의 과정에 있다. 진리는
그때그때의 권력자의 손에 의해서 변조되고 정책의
도구로 사용했던 사실이 이를 여실히 증명하고 있다.
물론 이것은 육체를 지니고 인생의 수행을 하고 있는
개인에게도 책임이 있다. 마음의 세계를 탐구하지도
않고 물욕에 빠져 욕망대로 살아가려는 개개인이
반성하지 않으면 안 된다.

또한 매스컴에 대해서 언급해 보면, 돈만 벌 수 있다면
어떠한 방법으로 무엇을 보도하건 상관없다는
사고방식은 재고되어야 한다. 인류 사회의 조화와
평화를 위한 보도라면 참된 평안을 줄 수 있지만 정욕을
유발하고 인간의 말초신경을 건드리는 저속한 기사는
독을 뿌린다. 인간의 마음을 한때는 사로잡을지
모르지만 언젠가는 외면당하게 마련이다.

진실하지 못한 것을 출판하거나 영화화하는 사람은 그
부조화한 상념의 반작용을 받아 그의 마음은 검은
구름으로 뒤덮인다. 그들은 언젠가는 뉘우칠 날이 있을
것이다.

지위나 명예의 고하를 막론하고 자신이 만들어낸 어두운 상념은 스스로 부조화한 괴로움과 아픔을 불러들이게 된다는 진리를 우리는 부정할 수 없다.

바른길〔正道〕의 레일 위를 달리고 있는 사람과 그 레일을 무시하고 달리고 있는 사람은 확실히 다르며, 죽어서 이 세상을 떠날 때에는 자기 자신이 옳고 그름의 심판을 내리지 않으면 안 된다. 그런 엉터리 같은 일이 어디 있겠느냐고 하는 사람들도 예외 없이 그런 순간을 맞게 될 날이 일초 일초 다가오고 있다는 사실을 명심해야 한다.

조상 예배나 타력 신앙에 의해서 구원받는다고 하는 그릇된 종교에서 깨어나야 한다. 특히 불교는 지식으로 배우고 머리의 판단으로 잘못된 길을 걷고 있는 경우가 많다.

불교의 진리는 한 가지뿐이다. 몇 백을 헤아리는 종파는 인간이 만든 것이며 지식知과 생각意의 산물일 뿐 거기에 마음이 있을 리 없다. 만일 이 사실을 부정하고 나서는 스님이 있다면

"당신은 자신이 참 종교가라고 생각하고 있습니까?" 하고 물어 보고 싶다.

모든 성직자나 종교가들에게 "참 성직자, 종교가라면 예수님, 석가모니 부처님의 가르침에 준한 생각과 생활을 하고 있습니까?"라고 묻고 싶다.

올바른 종교가라면 자기보존은 없을 것이다.

종파의 난립에 당연히 의문을 가질 것이다.

권력욕에도 의심이 갈 것이다.

노여움, 시기, 질투의 마음을 가지지 않을 것이다.

일체의 현상에 사로잡히지 않고 자신을 상실하는 일도 없을 것이다.

생로병사의 근본을 깨닫고 중도의 상념행위로써 바른길〔正道〕의 진수를 밝힐 것이다.

기부금, 보시에 대해서는 만족할 줄 알 것이며,

겉모양에 사로잡히지 않고 누구에게나 평등한 입장에서 자비와 사랑을 베풀 것이다.

부자연스러운 정욕에 마음이 현혹되지 않을 것이며,

생각하는 것, 말하는 것, 행동하는 것이 항상 섭리에 따르고 있으며, 올바른 마음 그대로 생활하고 있을 것이다.

올바른 종교가라면 고락의 인생에서 해탈해 있을 것이고,

대중에게 인생의 목적과 사명을 가르치고 자신에게
엄격하고 남에겐 관대하며 생사를 초월하고 있을
것이다.

영혼의 전생윤회轉生輪廻를 똑똑하게 깨닫고 있을
것이다.

성스러운 일을 사업을 하듯 하지 않을 것이다.

이러한 일상생활을 하고 있는 사람만이 진짜
종교가라고 할 수 있다.

예수님이나 석가모니 부처님은 대학에 다니지도
않았고 종교의 전문가도 아니었다는 것을 생각해 본
일이 있는가?

오랜 역사의 과정에서 인간의 지식知과 생각意의
먼지가 묻은 낡은 성서나 불경을 버리고 우리는 올바른
마음속에 잠재해 있는 진리를 깨달아야 한다. 스스로의
힘으로 잠재의식의 문을 열고 종교적인 영혼의 체험을
쌓아가는 길이야말로 인생의 바른길〔正道〕라는 것을
명심해야 한다.

깨달음은 일초 일초의 정진 가운데서 싹트는 것이며,
그 노력의 축적에 의해서 마음의 세계는 신의 빛으로
채워진다. 그래서 신과 표리일체表裏一體의 조화와 평안에

근접해 간다.

지식의 길만을 좇고 있는 학자들은 마음의 눈이 열리지 않고 있으므로 영적 현상이나 영혼의 문제에 대해서는 금기사항처럼 기피하고 있을 정도이다. 의문은 가지고 있지만 입 밖에 내기를 두려워한다. 지위욕, 명예욕, 금전욕, 정욕은 마음속에서 소용돌이치고 있다.

이러한 인간들에게 마음의 평안이 있을 리 없다. 외면의 허식虛飾에 비해서 마음속은 모순 덩어리다. 이것을 진정한 행복이라고 할 수 있을까. 외면의 겉치레로써 진정한 행복을 얻을 수 없다. 이 원인은 지식知과 생각意에 의해서 만들어진 자기보존의 상념행위에 있다. 육체에 매달린 번뇌에 의해서 자신의 본성을 상실한 데 그 원인이 있다.

현대 사회에 만연하고 있는 부조화한 상념행위, 즉 신神의 자녀다운 자각을 망각하고 동물적 본능대로 살아가는 사람들, 투쟁과 파괴를 생각하고 있는 사람들, 종교의 미명 아래 인간의 마음을 타락시키고 있는 지도자들, 자기보존만을 생각하고 남의 불행을 돌보지 않는 사람들 등등 헤아릴 수 없는 이 세상의 종말적인 모습들이 너무나 많다.

이것도 사회제도가 너무나 외면적 현상에만 치중되고 내면적인 마음의 문제에 대한 교육이 부족한데 그 원인이 있다. 그 결과 부자연스러운 신흥종교가 난립하여 인간의 마음을 황폐화시키고 있다.

벌을 주는 신神이 있다면 그런 신神은 버려야 한다. 벌은 자신이 만드는 것이지 결코 남이 주는 것이 아니다.

지적 학문에 의해서 인간의 가치를 판단하고 시험지를 채점으로써 인간의 지위를 결정짓는 사회구조는 자아아욕의 입신출세형의 인간을 낳고 급기야는 정신이상자가 지도자의 위치에 올라앉기도 한다. 그래서 사회를 혼란에 빠뜨린다.

마음과 지식이 조화된 사람이야말로 지도자로서의 자격이 있으며 보다 나은 사회의 조화와 정신 정화의 역군이 될 수 있다.

육체를 떠난 우리의 영혼이야말로 영원한 생명이며 끝도 없고 시작도 없는 불생불사不生不死의 윤회하는 보배이다.

육체는 자신이 아니다. 언젠가는 이 세상에 벗어던지고 가지 않으면 안 되는 것이 육체의 운명이다. 그런 육체에 집착하는 나머지 온갖 고뇌를 생산하고 있다. 한시바삐

어리석음에서 깨어나야 한다.

저 세상과 이 세상의 전생轉生은 육체의 갈아타기에
지나지 않는다. 이것을 알 때 죽음은 인생의 종착이
아니라 이 세상의 졸업이며 저 세상의 귀환이라는
사실을 깨닫게 될 것이다.

용기 있는 자는 인간의 마음을 물질 경제의 노예에서
해방시키는 일에 손잡고 나갈 것이라 기대해
마지않는다.

# 마음

마음은 육체 내면에서 육체를 지배하고 있는 의식의
중심이며 영혼의 핵이다.

마음이 육체를 부리게 되면 외계의 여러 현상에
사로잡혀 본성을 잃게 마련이다. 마음은 붙잡아두기가
어렵다. 경솔하여 동요하기 쉬우며, 욕망에 따라
움직이고 분수를 지키기가 어려워 그 목을 잡아 쥘 수도
없는 괴물이다. 자기보존으로 치닫고 아욕에 탐닉하기
쉽다. 그러나 마음은 그 중심핵에 가까울수록 신神의
자녀로서의 자각심과 선악의 판단력이 뚜렷해진다.
이것은 누구에게나 공통되는 사실이며 마음의

중심핵이야말로 무한대의 우주 생명과 상통하고 있는 인간의 본성이다.

　중심에서 벗어나 멀어질수록 의식은 오관의 영향을 많이 받아 번뇌에 사로잡히기 쉬워진다. 의식의 세계는 무한대로 확대될 수도 있고 정교한 극미의 세계로도 통할 수 있다. 그리고 존재하는 모든 선과 악의 세계에도 통할 수 있다. 그야말로 일념삼천一念三千이다.

　대우주의 지배자는 만상만물萬象萬物의 에너지의 근본이요 중심이다. 이 지배자야말로 신神에 다름 아니며 대우주체의 의식意識이다. 우리의 의식은 대우주체의 분신이다. 분신은 우주의식과 조화하기 위한 수행을 거듭하고 있으며, 저 세상과 이 세상 사이를 전생윤회轉生輪廻하는 영원한 영혼으로써 보다 고차원의 의식세계로 지향하기 위한 연마를 거듭하고 있는 존재다.

　육체를 지니고 있는 개개의 생명이 부조화하고 불안전한 경험을 통해서 고차원의 조화로 나아가는 학습 과정에 있다. 개중에는 후퇴하는 자도 있고 진보하는 자도 있다. 개개인의 노력의 정도에 따라 상반되는 결과가 나타난다.

정체를 알 수 없는 마음, 욕정대로 움직이는 마음,
미묘한 마음, 정처 없는 마음, 침착하지 않는 마음,
성내는 마음, 기쁜 마음, 슬픈 마음, 이러한 마음을
올바른 진리眞理에 따라 고삐를 잡고 제동할 수 있는
사람은 마음의 평안을 얻고 일체의 괴로움에서 벗어날
수 있다.

　마음의 올바른 진리를 깨닫지 못하고 방종으로 흐르는
사람은 마음이 불안하고 신념도 없으며 사탄의 손아귀에
붙잡혀 자신을 잃게 된다. 올바른 진리를 깨달은 사람은
마음에 번뇌가 없으므로 상념의 헤맴이 없고 항상 신의
빛에 싸여 있으므로 상념은 대우주로 넓어지며 여러
가지 현상에 흔들리지 않는다.

　항상 중도의 마음을 지니고 선악을 초월할 수 있는
사람은 이 세상에서 일어나는 그 어떠한 상황에도 결코
당황하지 않으며 두려움이 없다. 괴로움도 없고 늘
만족할 줄 알며 마음의 평안을 잃지 않고 생활한다.

　현상에 절대로 붙들리지 않는 마음을 불퇴전不退轉의
마음이라고 하며 이런 마음을 지닌 사람은 깨달음의
경지에 이른 사람이라고 할 수 있다.

# 마음의 구조

마음의 구조는 흡사 고무풍선처럼 둥글다. 이 둥근
마음을 부자연스러운 사상으로 구속하고 스스로
조그마한 틀 속에 가두어 쭈그러지게 하는 사람이 많다.

또 이와는 반대로 자유자재하여 우주를 삼킬 듯이 통이
큰 사람도 있다. 어느 쪽이든 각자의 선택에 달렸으며
마음의 상태와 행위에 따라 달라진다.

마음의 세계는 일념삼천一念三千이며 무한대로 넓고 그
생각하는 바에 따라 차원이 다른 선악善惡, 어느 쪽의
세계에도 갈 수 있다. 상념은 사물을 만들어 내는 능력을
지닌 에너지이기 때문이다.

우리들의 마음에는 오관을 통해서 일어나는 외적
상념과 마음속에서 일어나는 내적 상념, 그리고 차원이
다른 세계를 통해서 통신되어 오는 영적 상념이 있다.
　　이러한 상념들이 여덟가지의 바른길에 의한 중도의
생활을 실천함으로써 지혜의 보고를 열 수 있게 된다.
　　마음의 구조는 본능本能·감정感情·지성知性·이성理性의
영역이 있고, 과거세와 현세에서 지어낸 일체가 현재
자신의 마음속에 축적되어 있다.
　　그리고 상념想念이 각 영역에 작용하여 의지意志가 되어
정신적 육체적 행위로 구체화된다. 따라서 사물을
올바르게 판단하지 않고 감정의 영역이 부풀어지면
상대적으로 이성의 영역이 오므라들게 된다.
　　곰보딱지도 보조개처럼 예쁘게 보이는 사춘기 사랑의
경우도 본능과 감정의 영역만이 유독 불거져 일어나는
현상이다.
이럴 때 지성과 이성의 영역은 오므라들고
중도中道에서 벗어나게 된다는 것은 두말할 나위 없다.
　　또 물질적 욕망도 동물적인 본능이다.
　　즉 우리의 마음을 원만하게 조화시키는 길은
무엇보다도 먼저 여덟 가지의 바른길을 실천하는

길이다. 고락苦樂의 원인은 모두 자신의 마음이 지어내고
있다.

　조그마한 틀 속에 자신을 가두지 말고 광대무변한
마음을 만들어내는데 인생의 가치를 찾아야 한다.
예수님, 석가모니 부처님은 이러한 마음의 중요성을
설법했다.

　신은 우리의 마음속에 존재하고 있는 것이므로 별도로
만들어 받들 필요도 없다. 무엇에 매달려 빌고 예배하는
것이 구원받는 길이라고 착각해서는 안 된다.

　괴로움이나 슬픔이 있으면 그 원인을 추궁해서 자신이
제거하고 다스려나가지 않으면 안 된다. 괴로움이나
슬픔도 행복으로 이르는 한 계단이므로 좌절하지 말고
살아가야 한다. 그것이 바로 인생에 있어서의 필수적인
수행이다.

　고뇌는 미망의 언덕에서 깨달음의 언덕으로 건너가는
한 과정이라고 생각해야 한다.
극단적인 생활 방식을 버리고 인내와 노력으로 중도를
걷는 가운데 마음이 조화를 이루게 되고 올바른 판단이
생겨난다.
깨달음에 이르는 데는 중도의 생활로 노력해 나가는 것

이외에 결정적인 힘을 가진 것은 없다.

이것이 신의 자녀, 만물의 영장에게 부여된 철칙이다.

# 상념想念

상념은 둥근 마음의 중심부에 위치하고 있다. 보통 상념이라고 하면 상상, 공상, 잡념, 정념正念 등 여러 가지 생각을 가리키기 때문에 상념이라고 한마디로 말해도 그 개념을 잡기가 매우 어렵다. 여기서 말하는 상념은 본능, 감정, 지성, 이성, 의지 등으로 발전하기 이전의 에너지 활동의 샘이라고 인식하는 것이 쉬울 것이다.

우선 인간이 육체라는 자동차를 무사히 몰고 가기 위해서는 그 육체를 부리는 운전기사격인 영혼, 의식이 있어야 한다. 우리들은 낮에는 육체가 자기 자신이라고 생각하면서 활동하고 있다. 그러나 밤에 잠들면 아무

감각과 생각이 없어진다.

　즉 아무 것도 모르게 되는 것이다. 육체를 부리는 영혼, 의식이 내일의 에너지를 보급 받기 위해서 육체를 이탈하여 차원이 다른 저 세상에 올라가는 것을 의미한다. 그래서 우리는 모두 이튿날 아침, 잠에서 깨어날 때까지 저 세상에 있는 것이다.

　물론 육체와 의식은 영자선靈子線으로 연결되어 있으므로 육체에 위험한 사태가 발생하면 의식은 깨어난다. 그러나 보통은 날이 샐 때까지 아무 것도 모른 채 잠을 잔다. 그래서 아침이 되면 다시 눈을 뜨고 육체와 의식이 밀착하여 새로운 하루의 일과를 시작하는 것이다.

　인간의 의식을 의식답게 하는 것은 의식의 중심에 있는 상념의 샘이다. 그 상념의 샘에는 저 세상에서 보급 받은 에너지가 저장되어 있어서 우리가 일상생활을 하는 동안 그 에너지를 방출하면서 상념활동을 할 수 있는 것이다.

　어떠한 초인超人이라도 일주일 동안 한숨도 자지 않는다면 죽음을 면할 길이 없을 것이다. 왜냐하면 육체는 입으로 보급 받는 음식물 이외에 상념의 샘에서 방출되는 에너지에 의해서 유지되고 있으며, 이 의식의 에너지가 없어지면 육체는 살아갈 수 없기 때문이다.
운전기사가 없는 자동차는 녹이 슬어 폐차가 되는 것과
같다. 여기서 중요한 것은 저 세상에 있는 사람과
이 세상에 있는 사람의 에너지 소비량이 크게 차이가
있다는 것이다. 이 세상에 있는 사람은 육체를 지니고
있기 때문에 그 에너지 소비량이 막대한 것이다. 그렇기
때문에 인간은 수면을 통한 에너지의 보급을 절대적으로
필요로 한다. 이 세상의 모든 생물은 수면을 통해서
에너지의 공급을 받도록 틀이 짜여 있다.

　이와 같이 생명활동에 필요한 에너지를 보급 받은
상념은 다시 상념활동이라는 형태로 바꾸어 가는
장소이기도 하다. 에너지를 에너지로 저장만 해두면
아무런 작용도, 효용도 없다. 에너지가 동력으로 바뀌어
기계를 작동시킴으로써 비로소 에너지의 진가가
발휘되듯이 인간의 상념도 신으로부터 보급 받은
에너지를 동력으로 삼아 육체를 부리고 의식 활동을 할
수 있도록 구조가 짜여 있는 것이다.

　따라서 상념이라는 장소는 모든 의식 활동, 모든
행동의 원천이라고 할 수 있다. 상념은 본래 아름다움도
더러움도 선악, 흑백이 없는 투명하고 자유로운

창조적인 에너지의 샘인 것이다. 그러나 인간은
영아에서 어린이, 어린이에서 청년, 장년으로 성장해
가면서 외부에서 들어오는 온갖 현상에 대해서 반응을
일으켜 상념의 샘은 여러 가지로 변색하여 제멋대로
행동을 하고 만다.

　즉 오관을 통해서 들어온 외부의 여러 현상에 대해서
상념은 그것을 받아들여 본능, 감정, 지성에 에너지를
보낸다. 이때 만일 본능과 감정에 비해서 지성이 약하면
본능과 감정이 이상하게 부풀어 동물적, 충동적인
성격을 형성하게 된다. 같은 것을 보고 들어도 사람에
따라 그 반응이 다르다. 왜냐하면 사람마다 전생윤회를
통한 영혼의 편력遍歷이 다르기 때문이다. 따라서
사람마다 상념의 모양이 다른 것이다.

　반성이란 지관止觀이다. 지관이란 나타났다 사라졌다
하는 온갖 상념의 움직임을 정지시키고, 자신의
지난날을 되돌아보고 과거 상념의 움직임이 본능, 감정,
지성, 이성 어느 한쪽으로 기울어지지 않았는지,
기울어졌다면 그 원인은 어디에 있는지 등을 살피는
일을 말한다. 그래서 원래 둥글어야 할 마음의 모양이
요철이 있거나 삼각형이 되었다면 그 부분을 수정해서

두 번 다시 자기중심의 자아가 상념화 되지 않도록 해야
한다.

상념은 행위를 수반하기 때문에 요철을 만드는 상념의
씨를 뿌리지 말아야 한다. 성서에 '색정을 품고 여인을
보는 자는 이미 마음속으로 간음한 것이다.' 라고 씌어
있는 것처럼 상념은 곧 행위를 의미한다. 그래서
바른법칙에서는 현실적 행위 이전의 상념이 크게 문제가
된다. 이 세상의 법률에서는 상상은 자유이기 때문에
문제가 되지 않는다. 행위가 발생했을 때 비로소 문제가
되고 처벌을 받게 된다. 그러나 바른법칙에서 악惡은
조화를 깨트리는 상념이기 때문에 마음속에 악을 생각만
해도 죄악이 되는 것이다. 인간은 신의 자녀이기 때문에
자비와 사랑, 관용, 협조 등의 상념에서 이탈하면 그
이탈한 상념의 분량만큼 자기 자신을 고통으로 몰아넣는
것이 된다.

상념을 요약하면 다음과 같다. 상념은 신으로부터
부여받는 에너지의 축전기蓄電器의 역할을 하는 곳이며,
나아가 그 축전된 에너지를 방출하면서 생활 활동을
행사하는 중요한 기능을 발휘하는 곳이다.

인간의 마음을 가리켜 발신기發信機, 수신기受信機라고

하는 것도 이와 같은 상념의 기능을 단적으로 표현한
말이다. 이심전심以心傳心이라든가, 정신감응精神感應
(텔레파시)이라는 것도 상념이라는 발신 장치, 수신 장치가
활동함으로써 비로소 가능한 것이며, 만일 이것이
없다면 인간의 의식 활동은 불가능하다. 또 한 가지
상념에 대해 중요한 것이 있다. 인간의 마음은 발신기,
수신기 이외에 발전장치發電裝置라는 창조적 에너지를
생산하는 능력을 지니고 있다는 사실이다.

　식물이나 동물도 마음이 있다. 그러나 식물과 동물은
창조 에너지를 생산하는 능력을 가지고 있지 않다.
왜냐하면 식물과 동물은 단지 신의 창조물에 지나지
않기 때문이다. 인간은 신의 자녀이기 때문에 신과 같은
창조의 능력이 있는 것이다.

　신의 자녀란 우주 즉 나〔宇宙卽我〕라는 신의 마음을
가지고 있는 것을 뜻한다. 신은 스스로의 예지와 무한의
에너지를 생산하고 저장하여 방출함으로써 이 대우주를
창조하였다. 그리고 그 창조한 천지에 중도라는 법에
생명을 불어 넣고, 중도 속에 만생만물을 살리고 있는
것이다. 그래서 만생만물은 중도라는 법을 통해서
살려지며 살아가는 생명체가 된 것이다. 그런 가운데

인간은 신의 자녀로서 신의 뜻을 받들어, 이 지상을
낙원으로 만들기 위해서 탄생된 것이며 인류의 목적은
유토피아를 이룩하는 것이다.

신은 스스로의 모습을 만생만물을 살리는 에너지로
바꾸는 동시에 인간이란 분신의 모습으로 바뀐 것이다.
인간이 신의 자녀라는 이 사실은 천지창조와 동시에
생긴 것이다. 그런데 인류의 역사는 어둡고 비참하다.
때에 따라 여러 천사들이 이 지상에 태어나서 신의 길을
설법했다.

인류가 신의 자녀답지 않는 상념에 사로잡혀 있는 것이
안타까워 인류 구제의 목적을 가지고 그 시대와 그
지역에 맞는 설법과 빛을 보냈다. 그러나 인간과 신의
거리는 너무 멀며, 이 세상과 저 세상을 통틀어 전 인류
가운데, 신과 직접 교신할 수 있는 천사는 몇 사람 밖에
되지 않는다. 인간이 신의 자녀라는 사실은 모세,
석가모니 부처님, 예수님의 우주 즉 나에 의해서
증명되기도 하지만, 그 위에 천지창조의 과정과 인간의
역할을 훑어보면 대강 짐작이 가는 일이다.

상념이란 장소가 신의 자녀로서의 창조적 에너지를
생산할 수 있는 발전소라는 의미가 잘 이해되었으리라고

생각한다. 상념이란 곳은 발전소, 발신소, 수신소의
세 가지 기능을 갖춘 장소라고도 할 수 있다. 그리고
상념은 마음과 육체를 유지하는 중요한 역할을 동시에
하고 있는 곳이다. 왜냐하면 상념은 에너지, 그 자체를
말하고 있기 때문이다. 그러나 상념이 상념으로
작용하고 있을 때에는 단순한 에너지이기 때문에 문제가
일어나지 않는다. 문제는 본능, 감정, 지성 등의 기능에
작용했을 때, 이성이라는 의식이 중화될 때에는
괜찮지만, 그렇지 않을 때에는 에너지에 색깔이
염색되고 만다.

무색투명한 물과 같은 상념이 있다. 계속해서 솟아나는
물처럼 상념은 한없이 맑고 깨끗하다. 그 맑은 물에
지성知性이라는 청색의 염료, 감정이라는 적색赤色의
염료, 본능이라는 황색黃色의 염료가 제멋대로 행동을
해서 청색, 적색, 황색의 염료를 풀어놓는다면, 에너지의
맑은 물(상념)은 염색이 되고 말 것이다. 그래서
무색투명한 물은 차츰 맑은 물로써의 기능을 잃게 될
것이다. 그러나 물에 염색되었다고 해서 물 자체의
본질에 변화가 있는 것이 아니다. 본질은 변하지 않고
그대로 있다. 맑은 물에 색깔이 부착되었을 뿐이기

때문이다.

물은 자꾸 흘러나오고 있고, 청색, 적색, 황색의 염료의 방출이 멈춰지면 물은 다시 맑아질 것이다. 청, 적, 황의 염료의 유출을 누가 억제할까? 염색된 더러운 물을 맑은 물로 돌려놓거나 중화시키는 일은 바로 이성理性의 역할이다. 이성이라는 중화제가 세 가지 염료를 청수로 바꾸어 의지에 작용시킬 때, 인간의 상념과 행위는 본연의 자태로 돌아가는 것이다.

중도의 마음은 사심이 없는 것을 말한다. 염색되지 않는 마음이다. 크고 둥글며, 이성의 힘이 각 분야에 골고루 작용하여 각 분야의 염료를 중화시키는 상태를 말한다. 그때 마음 전체를 뒤덮고 있던 온갖 색채가 걷히고 신의 자비와 빛을 직접 받아들이게 되는 것이다. 무색투명한 본래의 모습으로 돌아가는 것이다. 이와 같이 상념이라는 청수 에너지는 인간의 마음과 육체를 형성하는 원천이다. 그렇기 때문에 상념의 정화야말로 신의 자녀로 돌아가는 유일한 길이라고 할 수 있다.

# 영혼의 중심

　육체의 지배자는 이 세상과 저 세상을 영원히
전생윤회轉生輪廻하고 있는 의식意識이요 영혼이다.
　이 영혼이야말로 영원히 변하지 않는 자기 자신에
다름 아니며 그 잠재의식 속에는 과거세에서 체험한
일체의 경험이 남김없이 기록되어 있다.
　우리는 각자의 희망에 따라 어버이로부터 육체를 얻어
영혼의 부조화한 카르마를 수정하는 한편, 이 지상에
인류가 화합하는 낙원 유토피아를 세우기 위해서
태어났다는 것을 알아야 한다.
　즉 우리의 인생은 전생윤회의 한 과정에 지나지

않으며 언젠가는 실재계인 저 세상에 돌아가지 않으면
안 되는 존재다. 좋든 싫든 신의 의지 하에 놓여 있으며
누구도 이 법칙에서 벗어날 수 없다. 이것이 신의
법도이다.

그러나 육체라는 배를 일단 타게 되면 과거세에서 익힌
경험의 일체가 잠재의식의 보고寶庫속에 매장되고 만다.
대부분의 사람들은 이 잠재의식의 문을 자신의 부조화한
상념과 행위로 말미암아 닫아버리고 있다. 이 문을 열기
위해서 과거의 많은 사람들은 육체적 고행으로 번뇌에서
벗어나려고 몸부림쳤다. 또 형식적인 의식이나 방식에
의해서 깨달음을 얻을 수 있다고 엇길을 걷기도 하였다.
그러나 이상의 두 가지 방법으로써는 진리에 따른
안심의 경지를 얻기가 거의 불가능하다. 왜냐하면
진리에 맞지 않는 부조화한 상념과 행위의 어두운
저항이 지혜의 문을 굳게 닫아버리기 때문이다.

인적이 드문 산중에서 폭포욕을 한다든가 단식을
한다든가 혹은 육체 고행의 수행을 아무리 해 보아야
번뇌를 멸할 수는 없다. 이러한 행위들은 육체에 대한
집착을 버리지 못한 수행자들의 독한 상념이 작용하고
있기 때문이다. 육체의 지배자인 의식, 그 의식의 중심인

마음을 잃고서는 깨달을 수 없다.

원자핵을 중심으로 음외陰外전자가 돌고 있듯이 또는
태양을 중심으로 혹성이 자전·공전하고 있듯이, 인간도
마음을 중심으로 몸 세포 전체의 의식이 회전하고
있다는 사실을 알아야 한다.

마음은 흡사 유연한 와상구渦狀球와 같은 느낌이며
본능·감정·지성·이성등으로 구성되어 있고, 마음의
중심은 무한대의 우주 생명과 통하고 있어서 우리의
의식에 무한량의 상념에너지를 공급해 주고 있다.

인생항로의 여러 가지 현상에 대해서 육체 보존의
본능, 희로애락을 표현하는 감정, 인생 경험의 학습으로
얻은 지성, 판단력 자제력을 발휘하는 이성理性,
이것들이 서로 조화를 유지하면서 우리들의 인격을
형성하고 있다.

그런데 마땅히 조화되어야 할 마음에 '감정'의
영역만이 유독 표면으로 불거져 나오면 정서는
불안정해지고, 자기 보존적自己保存的이 되어 마음의
평안을 잃게 된다. '자존심이 상했다.' 하고 감정적이
되어 충고자의 결점을 도로 찾아내서 반격하려고 한다.
이러한 사람들은 자기 보존이 강한 성격의 소유자로서

감정적이고 부조화한 언동으로 상대방의 마음을 상하게 한다.

하지만 자신이 취한 부조화한 말과 행동의 반작용은 자기 자신에게 되돌아온다. 진심으로 충고해준 상대방에게 감정적인 상념행위를 보내면 신의 빛에 싸여 있는 상대방의 마음에 거울처럼 반사되어 오히려 자신의 부조화한 상념의 업業에 곱절이 된다.

상대방을 원망하고 시기 질투하며 상대방의 불행을 비는 행위는 바로 자신의 무덤을 파는 자멸 행위에 다름 아니다.

이와 같이 악의 상념행위는 자신을 고난으로 몰아넣어 꼼짝달싹 못하게 한다. 올바른 자기 판단은 진솔한 마음으로 남의 충고를 받아들이는데 있다. 자기보존의 감정은 자신을 다치게 할 뿐만 아니라 남도 다치게 한다는 것을 알아야 한다.

한편 본능만이 표면으로 불거져 나오면 자기 방어, 자기 본위가 되어 만물의 영장으로서의 본성을 잊어버리고 동물적 정욕의 포로가 되기 쉽다. 사랑이 없는 육욕적 본능은 인간 사회를 혼란으로 빠뜨리고 자신의 마음에 괴로움의 씨를 뿌린다. 깨달음과는 정반대의 길이다.

이 세상의 영화에 눈이 가려 물질을 즐기는 것과 도道를 즐기는 것을 혼돈해서는 안 된다.

역사를 들추어보면 번영했던 국가들이 어째서 멸망했는가를 여실히 알 수 있다. 약한 자를 희생물로 깔고 앉은 권력자가 부귀영화를 누리고, 동물적 본능을 그대로 드러내어 육욕적 행위를 탐닉한 데 그 원인이 있었다.

수행을 거부하고 부귀영화만을 좇는 쾌락의 인생을 하루 빨리 청산하고 진리의 궤도 위에 인생을 올려놓지 않으면 안 된다. 스스로 구한 것이 얻어졌을 때의 기쁨은 무엇과도 바꿀 수 없는 값진 것이다. 마음의 길은 깊고 멀며 깨달으면 이보다 더한 기쁨은 없다.

이 기쁨을 얻기 위해서는 모든 현상에 대해서 올바르게 판단하는 이성理性, 희로애락을 표현하는 감정感情, 신으로부터 부여받은 본능本能, 인생 경험과 지성知性, 이런 것들이 서로 조화를 이루도록 마음에 집착이 없는 생활을 해야 한다.

만물에 대한 감사와 보은, 공양과 보시의 마음을 가지고 진리眞理를 생활속에서 실천할 것, 그러면 마음의 문이 열리며 자력으로 위대한 지혜의 보고를 발견할 수 있게 된다. 이때 자신의 마음을 깨닫게 되며 영혼의 형제들, 수호령, 지도령들과도 대화가 가능해지며 더 높은 차원의 인생을 위한, 그들의 사랑과 자비에 넘치는 지도와 협력을 받을 수 있게 된다.

이러한 능력은 인간이면 누구에게나 부여되어 있는 것으로서 자신의 올바른 생활 속에서 노력하는 가운데 유도해 낼 수 있도록 되어 있다. 이런 생활 노력이라는 것도 실은 신으로부터 부여 받은 본능에 다름 아니다. 인간은 기후 환경에 적합한 의복을 고안해 오고 있다. 육체 보존을 위해서 동·식·광물의 에너지를 흡수할 줄도 안다. 자연 환경에서 자신을 보호하는 장소로써 주거를 정할 줄도 안다. 이런 능력과 노력은 모두 본능의 작용에 의한 것이다.

한편 지성知性만을 앞세우는 것도 매우 위험하다는 것을 우리는 알아야 한다.

내일을 내다보지도 않고 발전시켜온 물질문명은 공해라고 하는 큰 문제를 불러일으키고 있다. 물질과 경제의 효용성을 앞세운 문명의 일대 부작용이 아닐 수 없다.

그러나 이제 우리는 진리眞理를 알고 만생만물은 상호
의존의 관계를 맺고 존립한다는 것을 알았다. 상념을
중심으로 본능, 감정, 지성, 이성의 조화가 늘 이루어져
있는 마음의 상태, 그것이 바로 원만한 안심安心의
모습이다.

이성理性은 마음의 제동장치이며, 어떠한 현상에
대해서도 올바르게 대처할 수 있는 자신을 확립하지
않으면 안 된다. 부조화한 감정적인 상념행위는
상대에게도 좋은 영역靈域을 줄 수 없다. 우리는 마음의
안정과 지성으로 얻어지는 부동심을 확립하는 것이
인생의 목적 가운데 한 가지임을 알아야 한다.

우리 주변에는 물질적, 육체적 쾌락에 빠져 허둥거리는
사람들이 너무나 많다. 이들은 항상 생生과 사死, 물질과
경제 등 온갖 욕망의 늪 속을 헤매기 때문에 신성神性을
깨닫기가 불가능하다.

우리는 누구나 태어나기 전에는 이번이야말로
카르마業를 수정하고 인간으로서의 사명을 완수하겠다고
굳게 다짐하고 태어나는데 이 약속을 지키지 못하고
허송하는 사람이 너무나 많다.

전생윤회의 과정에서 혹자는 왕으로 군림하여 자기

욕망대로 살다가 연옥지옥에 떨어져서 인생에서 지은 죄업을 씻게 되는데, 천신만고하여 간신히 저 세상에 올라간 자도 있다. 그래서 저 세상에서 곰곰이 반성하여 이번이야말로 반대로 가난한 환경을 택하여 태어나 열심히 땀 흘려 일하면서 이웃을 돕는 생활을 통해서 성공적인 인생을 경험하기도 한다.

　사람은 저마다 이와 같은 천차만별의 인생을 자기 희망에 따라 경험하고 있다. 그리고 인간은 항상 그 마음의 상태대로의 인생을 보내고 있다. 그 마음의 올바른 법을 깨닫고 있으면 번뇌에 대해서는 이성理性의 브레이크가 잘 걸리기 때문에 잘못을 저지르는 일이 드물다.

　이와 같이 우리들의 의식의 중심인 마음은 지금까지 우리들에게 온갖 고락苦樂의 인생을 경험하게 해주고 있다. 번뇌에 지배당하기 쉬운 마음을 진리에 따른 생활을 하지 않으면 안 된다. 평안과 조화의 신성神性을 자각하기 위해서도 우리는 불퇴전不退轉의 바른길〔正道〕를 알아야 한다.

　이 세상의 만생만물은 조금도 쉬는 일이 없이 변하고 있으며 그 위치에 그대로 멈추어 있을 수 없다. 또한 무엇

하나 자기 소유물이라고는 없다. 재산, 지위, 명예도,
부모 형제도 심지어는 자신의 육체마저도 이 세상을
떠날 때는 가져갈 수 없다. 모든 것이 이 세상에서
수행하는데 필요한 교재들에 지나지 않는다. 이것이
인생의 진상이다.

저 세상에 가져갈 수 있는 것은 인생 항로에서 경험한
일체의 선과 악, 잠재의식에 수록된 행위의 기록뿐이다.
그러니 우리는 하루하루가 후회 없는 삶이 되도록
최선의 노력을 해야 한다. 반성하는 마음은 인간을
집착에서 벗어나게 하여 영혼을 정화시켜 준다. 노여움,
비난, 탐욕, 불평불만 등의 마음을 멀리함으로써 일체의
괴로움의 원인을 끊지 않으면 안 된다. 마음속의 악에
사로잡혀서는 안 되기 때문이다.

마음속의 악에 사로잡히지 않는다는 것은 사리사욕,
부귀영화에 끌리는 유혹을 물리치고 일념삼천의 바늘을
항상 빛의 세계, 조화의 세계에 맞추어 둔다는 것이다.
그러면 이해손득, 정욕, 지위, 명예 등 집착에서 떠나
항상 겸허하게 중도中道를 실천할 수 있게 된다.

물질 경제문명의 고도성장으로 말미암아 현대 사회의
인간들은 거의 다 마음을 상실하고 있다. 우리는 올바른

마음을 되찾아 자아아욕을 물리치고 진심眞心의
정신문명을 물질문명 위에 구축하지 않으면 안 된다.

　이 목적을 수행하기 위해서는 비록 억울한 비난을 받고
돌팔매질을 당하고 칼로 베이는 한이 있어도 노여움의
마음을 일으켜서는 안 된다. 인욕忍辱의 마음을 가지고
일체의 현상에 흔들리지 않는 부동심으로써 올바르게
생활해야 한다. 행여 육체가 찢기는 한이 있어도
노여움의 마음을 가지지 말아야 진리의 생활을 지킬 수
있다.

　마음이 진리의 깨달음을 얻기 위해서 어떠한 어려운
일도 완수하고 잘 견디며 베풀기 힘든 경우에라도 곧잘
보시해야 한다. 선행을 해도 결코 그 대가를 바라지
말아야 하며 자신에겐 엄격하고 남에겐 항상 관대한
마음을 지녀야 한다. 그러면 반드시 인생의 목적을
달성할 수 있게 된다.

　물질문명이 향상되어 경제적으로 의식주가 안정되면
인간은 여분의 욕망을 채우려고 한다. 그런 의욕을
부추기는 사람이나 그런 욕망을 이용해서 사리사욕을
채우려는 장사꾼들은 마음에 평안이 없고 마음속에
언제나 격투가 그칠 날이 없는 삶의 주인공이다.

자신이 저지른 죄에 만성화된 사람도 많다.

마음을 설법하는 자가 사리사욕의 욕심을 품으면 더욱 어두운 상념에 지배되어 마음의 평안을 잃고 육체적으로도 부조화한 현상이 나타난다.

종교 지도자 가운데 늘 몸이 아픈 사람은 마음속에 격투가 있으며 자신의 마음을 깨닫지 못하고 있다는 증거이다. 이런 지도자가 지식知과 생각意만으로 중생을 지도하게 되면 마음의 세계를 혼란에 빠뜨린다.

신자들을 불행에 빠뜨리는 것은 가장 큰 죄악이 된다는 사실을 알아야 한다. 이러한 지도자는 이 세상에서 이미 지옥의 생활을 체험하고 있으며, 저 세상에 돌아가서는 더욱 신랄한 반성이 요구되는 고통의 세계에 떨어지게 된다.

영능자靈能者는 인간의 마음을 속속들이 읽을 수 있다. 그들의 마음을 구석구석까지 즉석에서 가장 명확하게 지적할 수 있다. 믿든 믿지 않던 이 사실은 아무도 부정하지 못한다. 영능자의 마음은 항상 빛의 세계에 통하고 있기 때문에 일목요연하다.

신심信心이란 자신의 마음을 믿는 것이다.

기독교나 불교는 생활의 지혜를 가르쳐 주는 마음의

양식이다. 형식적인 염불로써 인간을 구제할 수 없다.
만일 이 말이 믿어지지 않는다면 기도하는 것만으로
'호박이 넝쿨째 굴러 떨어질 리가 만무하다'는 속담을
한번 새겨볼 일이다. 진리적眞理的 생활 이외에 인간
본래의 목적을 달성할 수 있는 방법은 없다.

　오랜 전통적인 종교 행사가 진리일 수 없다. 이 세상을
떠난 망령들에게 경문을 공양해 줌으로써 그들이 과연
성불할 수 있을 것인가 한번 반성해 볼 필요가 있다.

　경을 외는 기도만이 신앙이 아니다. 마음을 상실한
종교 활동으로 가정생활에 지장이 생긴다면 그것은 이미
안심입명의 신앙의 목적을 잃고 있다.

　진리에 맞는 인생을 항해한 사람들은 이 세상을 떠난
뒤에도 광명의 세계에 거주하게 되며, 반면 부조화한
마음을 가지고 항상 불안에 떤 사람들은 지옥계에서
자신의 본성을 깨달을 때까지 암울한 생활을 경험하지
않으면 안 된다.

　조상에 대한 공양은 생존한 자손들이 밝고 바르게
생활하는 길뿐이다. 그것이 조상에게 최고의 기쁨이며
최대의 공양이 된다는 사실을 알아야 한다. 왜냐하면
조상은 자손들의 마음의 모습을 보고 자신들도 반성할

수 있는 기회를 가지게 되기 때문이다.

방황하는 조상 탓에 불행이 일어난다고 생각하는
사람이 있다면 가족들의 마음이 진리에 어긋나고 있지는
않은지 한번 반성해 볼 필요가 있다. 마음이 아름답고
건강하며 평화스러운 생활을 하는 것이야말로 최고의
공양이라고 할 수 있다.

살아있는 인간의 불행은 살아있는 자신이 만들어 내고
있다. 그것은 부조화한 상념행위가 방황하는 빙의령을
불러들임으로써 일어나는 현상이다. 가족 전체가 항상
중도中道를 걷는다면 한 사람 한 사람의 몸이 신의 빛에
싸일 뿐만 아니라 그 가정도 또한 빛으로 덮이기 때문에
방황하는 망령은 이 빛에 의해서 자신의 잘못을 깨닫고
성불할 수 있게 된다.

살아 있는 인간들이 영역靈域을 정화하는 것은
방황하는 망령을 깨닫게 할 뿐만 아니라 자기 자신을
구제하는 길이 된다. 마음을 잃은 경을 몇 만 번
외워보아야 그것은 인내력과 성대를 단련시키는 연습은
될지언정 자기 자신의 마음을 구할 수는 없다. 경의
내용을 실생활에 살리는 것이야말로 깨달음을 얻을 수
있는 지름길이라는 사실을 알아야 한다.

예수님의 가르침에도 석가모니 부처님의 가르침에도 투쟁이라는 말은 없다. '너희 원수를 사랑하라', '오른뺨을 때리거든 왼뺨마저 대어 주라', '원수를 부모님처럼 공경하라' 등 조화가 진리임을 깨닫게 하는 말씀뿐이다.

미담으로 여겨졌던 '원수 갚기' 등은 충동적 감정적 행위에 다름 아니며 이 원수에 대한 앙갚음의 파장은 반드시 나 자신에게 반작용으로 되돌아온다.

'부모의 원수다.', '주인의 원수다.' 하고 항상 평안이 없는 생활을 보내고 있는 것이 과연 인간의 참다운 모습이라고 할 수 있겠는가. 여기에 인욕이 필요하다.

인과응보라고 하는 것은 원인이 있으므로 결과가 나타난다는 것인데 결과에 응분하여 앙갚음한다는 것은 더욱 그 죄목을 무겁게 할 따름이다.

응보應報라는 것은 자신이 발산한 어두운 상념의 결과가 다시 자신에게 되돌아온다는 것을 말한다. 물리적인 제재를 가하는 것은 좋지 않다. 죽은 부모의 원수를 갚아보아야 그 원수의 아들은 또 '부모의 원수다.' 하고 자신을 겨누게 되니 이 악순환은 그칠 날이 없다.

원수를 갚겠다는 상념은 아수라계(투쟁적인 마음을 가진 사람들이 사는 지옥계)를 통해서 어둡고 검은 빛이 자신을 덮쳐 자신이 지옥계에 떨어진다. 그래서 이 세상의 집념보다 더욱 강력해져서 연옥燎獄지옥에서 고통 받지 않으면 안 된다. 지옥계에서도 서로 앙갚음의 보복행위는 그칠 새 없이 되풀이되며 이 세상보다 몇십 배 더 가혹한 환경 속에서 수행하지 않으면 안 되게 되어 있다.

원수를 갚기 전에 이런 결과를 낳게 한 원인을 추궁해서 어디까지나 냉정한 중도의 입장에서 이성의 힘을 발휘하여 올바른 판단을 내려야 한다. 이렇게 할 때 지혜 있는 인생의 수행을 완수하였다고 할 수 있다.

진리를 깨닫고 있는 사람은 상대를 원망하는 일이 없으며 오히려 연민의 정을 가지고 "하나님, 이 불쌍한 자의 죄를 용서해 주십시오. 잘못된 상념을 바르게 잡아주시고 마음에 평안을 내려 주십시오."하고 상대를 위해 기도해 준다.

"원수를 원수로써 복수하지 않는다."라는 도량이 참다운 보살심이라는 것을 알아야 한다.

자신의 행위는 반성하지도 않고 지위나 권력의 힘으로

상대의 목숨을 빼앗는 자기중심의 어두운 상념은
언젠가는 그 입장이 바뀌어 자기 자신이 아픈 맛을 보게
된다.

작용·반작용의 법칙에 따라 복수는 반드시 자신에게
되돌아오게 되어 있다는 사실을 안다면 인간은 자신의
상념과 행위를 반성하는 것이 얼마나 중요한 일인가를
깨닫게 될 것이다. 어떠한 사소한 문제라 하더라도 그
원인과 결과를 잘 살펴서 판단을 잘못하는 일이 없도록
해야 한다.

아무리 어린아이라 할지라도 함부로 깔보아서는 안
된다. 어쩌면 장차 우리들의 위대한 지도자가 될지
모르는 존재이다. 아무리 조그마한 불이라도
업신여겨서는 안 된다. 작은 불씨가 이윽고 광대한
산야와 대도시를 연소시킬 힘을 지녔기 때문이다.
조그마한 물방울도 오랜 시간이 흐르면 차돌까지도
뚫는다. 실낱같은 물줄기도 대하에 이르면 모든 물체를
밀어 붙이는 힘을 발휘한다.

마음의 문이 열리면 대자연이 생활의 방법을 가르치고
있다는 사실을 알게 될 것이다. 이렇게 되면 우리는
진정한 인생의 기쁨을 맛볼 수 있게 된다.

여덟 가지의 바른길을 실천함으로써 번뇌가 소멸되고 집착에서 벗어날 수 있으며 깨달음의 경지에 도달할 수 있게 된다.

마음이 인생의 중심이다. 마음이 이 세상의 여러 현상에 유혹당하여 쾌락에 빠지면 고통과 혼미가 생겨나고, 반대로 마음이 바른길[正道]을 찾아 편안해지면 깨달음과 법열法悅(석가모니 부처님의 가르침을 설법으로 듣고 진리를 깨달아 마음속에 일어나는 기쁨이나 환희)이 찾아온다.

그러기 위해서는 여덟 가지의 바른길의 실천에 의해서 자기 자신의 본성을 깨달을 것, 사랑과 자비에 의해서 남에게 보살행을 실천할 것, 더욱 마음을 정화해서 평화와 조화가 있는 사회를 만들어 낼 것 등을 실천해야 한다.

여기에는 물론 집착이 없어야 한다. 육체는 누누이 말해 왔지만 인생항로를 건너는 나룻배에 지나지 않는 것이며 목적지에 닿는 날에는 내버려야 할 물건이다. 그럼에도 불구하고 육체에 대한 집착으로 온갖 괴로움을 만들어 내고 있다.

우리의 의식, 영혼은 항상 일정한 곳에 머무르지 않고

이동하고 있으며 변화무쌍하다. 만생만물은 신의 법인 인연에 의해서 성립되며 전생윤회의 법에 따르고 있다.

마음에서 생겨나는 악의 눈을 떼버려야 하며 이미 현상화된 악의 결과는 잘 반성해서 그 원인을 없애지 않으면 안 된다.

선근善根을 키우고 바른길[正道]을 걸으며 올바른 상념과 행위를 실천하고 항상 반성으로 마음을 중도中道에 올려놓음으로써 위대한 지혜의 문은 열리게 된다.

자慈는 사랑해서 키운다는 뜻이고 자慈의 마음을 가짐으로써 탐욕을 끊을 수 있다.

비悲는 불쌍히 여겨 돕는다는 뜻이고 상대방의 입장에서 보는 중도의 마음을 잊지 않으며, 이 비悲의 마음을 가짐으로써 노여움을 끊을 수 있다.

희喜는 타인의 기쁨을 나의 것처럼 기뻐할 수 있는 마음을 말하고, 이 희喜의 마음을 가짐으로써 나와 남을 구별하는 차별심을 없앨 수 있다.

사捨는 자신이 한 행위에 대한 보수를 바라지 않는 마음을 말하며 은인과 원수를 구별하지 않음으로써 집착의 마음을 끊을 수 있다.

그래서 중생에게 행복과 즐거움을 주는 것이 자비이고
모든 것을 평등하게 차별 없이 대하고 중생에게 환희의
마음을 가지고 대하는 것, 이것이 희사의 정신이다.
그러나 이 자비 희사의 마음을 가지고 번뇌를
이겨나가기란 결코 쉬운 일이 아니다. 마찬가지로
진리를 실천하는 일 또한 어렵다.
　　올바른 길을 걷는다는 것은 인생항로에 있어서 올바른
상념행위를 하나하나 쌓아 가는 것을 의미한다. 그리고
그런 가운데 부동심은 길러지는 것이다.

4부

위대한 지혜의 보고寶庫를 여는 방법

마음에서 길을 찾다

# 인류는 하나, 모두가 형제

　우리가 이 세상에 태어나서 경험한 지식과 학교에서
배운 지식이라는 것은 보다 훌륭한 인생을 보내기 위한
체험이 되지 않으면 안 된다. 하지만 설령 인생 경험의
시간이 60년이 되든 80년 혹은 90년이 되든 영혼의
영원한 전생윤회轉生輪廻의 과정에서 보면 그것은
일순간의 향불과 같은 짧디 짧은 순간적 경험에 지나지
않는다.
　인간은 긴 전생윤회를 거듭하고 있는 영혼이며, 그
잠재의식의 보고에는 과거세에서 경험한 위대한 지혜가
간직되어 있다. 이 지혜는 우리의 노력 여하에 따라

인생 항로를 이끌어 주는 영감으로서 현상화된다.

이 위대한 지혜의 보고를 여는 방법은 자기 자신의 마음의 열쇠에 의하는 길밖에 없다. 이 열쇠는 진리眞理를 바탕으로 한 상념과 행위에 다름 아니라는 것이다.

이 세상에서 배운 지식은 자칫하면 자기보존을 위한 도구로 전락하기 쉬운 것인데 그렇게 곧잘 빠지고 있는 것이 우리 인간이다. 그런 결과로 학력이나 종이의 시험에 의해서 인간의 가치가 판정되고 있다.

마음이야 어찌 되었든 시험에 합격만 하면 사회적 지위가 보장되고, 그렇게 해서 지위를 획득한 자들 가운데에는 권력을 잡고 악덕을 쌓는 자들도 많다. 그리고 그러한 권력자와 손을 잡고 이권에 개입하는 자 등 자기보존으로 남의 사정 같은 것은 아랑곳하지 않는 이기주의자들도 많다.

하지만 그러한 인간들도 권좌에서 일단 물러나게 되면 육지에 던져진 물고기처럼 인생의 무상을 알게 된다. 굽실대던 아첨꾼들도 어느새 등을 돌리고 만다. 썩은 고기 덩어리에 몰려드는 구더기 같은 심보의 주인공들도 사방으로 흩어져 버리고, 악덕업자들은 다시 새로운 상대를 찾아 떠나가 버린다. 인간의 친분관계가 이런 것이어서는 안 된다.

　이러한 현상은 사회의 지도자가 외면적 판단으로 인간의 가치를 결정했기 때문에 일어난 결과이다. 그 결과 마음의 존엄성을 무시한 지식이 인류를 물질문명의 노예로 전락시키고 말았다.

　물질문명을 위해서 인류가 존재하는 것이 아니라 인류를 위해서 물질문명이 존재해야 한다. 지성知性은 인류 사회의 조화와 평안을 목적으로 삼고 자기 자신의 영혼을 보다 고차원으로 연마하기 위한 것이어야 하며 신의 자녀로서의 자각을 할 수 있는 것이 되어야 한다.

　인간에겐 교양이라는 지식이 있지만 도리道理를 깨닫지 못한 사람에겐 그것이 오히려 저항을 불러일으켜 괴로움의 원인이 되기도 한다. 왜냐하면 그것은 마음을 중시한 지성이 아니라 자기보존, 자아아욕을 만족시키기 위한 촉매제 구실을 하고 있는 경우가 많기 때문이다.

　항상 중도의 입장에서 자신의 상념과 행위를 잘 반성해서 주어진 여건 속에서 적극적으로 실천 노력한다면 이 세상에서 배운 지식은 잠재의식 속에 기억되어 있는 위대한 지혜와 조화를 이루어 인생을 보다 훌륭하게 진보시켜 나갈 수 있다.

이러한 생활을 함으로써 우리의 영혼은 보다 정화되어 지혜의 문은 열리고 관자재觀自在의 힘을 발휘할 수 있게 된다. 학문적인 가치는 이때 더욱 발휘되어 직업에 관계없이 진리의 길을 걸어갈 수 있게 된다.

마음을 상실한 지성은 파괴와 투쟁을 낳고 원자폭탄은 인류의 수행장(지구)마저 파괴시킬 위력을 가지고 있다.

물질경제 지상주의至上主義에 의한 고도성장은 공해를 낳고 있으며, 농공업계에서는 농약·세제·석탄·석유·광업·식품에 이르기까지 인생항로의 육체주肉體舟를 파괴할 살인적인 생활환경을 만들어 내고 있다. 이것은 모두 코앞의 이익에 급급한 지식의 산물이며 마음을 상실한 물질문명의 부산물이다.

자본주의는 마음을 상실한 자본가가 이익 추구에만 급급하고 노사의 불만은 계급투쟁을 낳고 있다. 그래서 사회문명은 상부층과 하부층의 계급투쟁을 거쳐 발전해 간다는 약육강식의 동물적 사고방식을 그대로 인류사 가운데 집어넣고 말았다.

기업은 종업원에 의해서 성립된다는 것을 잊어버렸고, 한동안 종업원들은 경제 노예의 대우밖에 받지 못하였으며, 독점 자본가의 배를 채워주는 희생자에

불과했던 적도 있다. 그러나 작용이 있으면 반작용이 있게 마련이다. 강자에 대해서 약자는 단결로써 저항하여 소위 계급투쟁이라는 것이 독점 자본가와 권력자 앞을 가로막고 말았다.

많은 대중은 조상 대대로 권력자의 혹심한 학대 속에서 살아왔다. 그래서 자유 평등의 사회를 갈망하는 투쟁사가 필연적으로 대두되었던 것이다.

하지만 자유 평등이어야 할 대중은 단결이라는 미명 아래 개인의 자유는 무시당하고 새롭게 대두된 소위 노동귀족들의 노예로 전락하고 만다. 마음을 상실한 그들 지도자들은 머리로 짜낸 계급투쟁을 대중에게 강요하여 때로는 무력, 때로는 권력과 조직력을 앞세워 단결을 호소하고 있다.

물질주의의 옷을 입고 있는 그들 권력자들은 한결같이 마음을 상실했기 때문에 인간을 신뢰할 수 없다. 따라서 '어제의 동지, 오늘은 인민의 반역자'라는 낙인을 찍고 어제까지의 동지를 가차 없이 처단해 버린다.

물리적인 힘에 의해서 형성된 물리적인 단결은 그 어떠한 사상으로 무장되어도 생활이 윤택해지고 안락해지면 붕괴되고 만다. 마음이 충족될수록 자유를

바라고 신성神性에 눈뜨게 되는 것이 신의 자녀로서의
당연한 귀결이다.

물질적 물리적 압력을 가해서 단체를 조직한
지도자들은 평안이 없다. 권좌에서 언제 쫓겨날지
모르는 것이 현실이기 때문이다. 아욕이 강한
부하들에게 언제 배신당할지 모르는 것이 또한 그들의
생태이다. 평안이 없는 부조화한 환경도 다름 아닌 그들
스스로가 만들어 낸 것이다.

'자신이 뿌린 씨앗은 자신이 거두어들이지 않으면 안
된다.' 이 말은 인과의 법칙이며 진리이다. 계급투쟁을
강조하고 있는 지도자들은 이와 같이 서로를 불신하고
내부의 갈등과 암투로 밤잠을 설치며 마음의 평화를
잃고 있다. 그들은 그 원인을 독점 자본가, 제국주의
혹은 권력자 타도에 대한 민중의 투쟁심 결여에 그
책임을 전가하여 자기 자신의 행위는 반성하지 않는다.

하지만 그들은 언젠가는 투쟁에 지쳐 쓰러지고 말
것이다. 또한 권좌에서 쫓겨나 고뇌 많은 인생을
맛보아야 한다. 이런 불쌍한 지도자가 그 얼마나 많은가.
이런 지도자들은 '인민을 위해서'라는 대의명분도 결국
자기보존을 위한 괴로움 이외 아무것도 아니었다는

사실을 언젠가는 깨닫게 될 것이다. 왜냐하면 투쟁심은 자신의 마음을 파괴하고 말 것이기 때문이다.

독점 자본가도 자기보존의 욕심을 버리고 만족할 줄 알아야 하며, 고통 받는 많은 대중에게 사랑과 자비의 손길을 뻗지 않으면 안 된다. 나 개인의 명예를 위해서가 아니라 태양의 광열 같은 평등한 자비심으로 희사喜捨하는 것이 인류애의 구현이라는 점을 알아야 한다.

이와 같이 환경·지위·명예를 초월해서 노사는 평등해야 하며, 서로 공생 공존할 수 있는 환경을 상호 신뢰로써 수립하지 않으면 안 된다. 서로 감사하고 보은의 행위를 실천하며 서로 만족할 줄 알 때 노사의 투쟁은 모습을 감춘다. 사실 이러한 투쟁이 물가의 안정까지도 흔들어 놓고 있다.

무력이나 권력에 의해서 다스려지고 있는 사회는 인간의 자유를 속박하여 형벌로써 대중의 불만을 억제하고 있다. 물리적 정신적 압박에 의해서 지배되어 있는 계층은 언젠가는 반드시 내부의 불만을 폭발시켜 부조화한 사상을 무너뜨린다.

때에 따라서는 봉건 사회의 개혁을 위해서 뜻 있는

지도자가 일시적 방편으로 엄격한 통제경제를 펴 평등한 사회를 만든 때도 있었다. 하지만 많은 희생자를 내고 물리적으로 만들어진 사회에는 반드시 반작용이 일어난다는 사실을 알아야 한다. 지도자는 이러한 사실을 알고 있으므로 왕왕 폭력 행위에 의한 탄압을 강행하여 반대자를 숙청해 버린다.

아무리 막강한 권력자라도 언젠가는 권력을 잃게 된다. 그들의 마음은 불쌍하기 그지없으며 오랫동안 저지른 죄를 지옥계에서 반성하지 않으면 안 된다. 그 반성의 기간 동안 자신이 저지른 투쟁과 파괴의 행위, 진리에 거스른 행위를 뼈저리게 뉘우치지 않으면 안 된다.

지구상의 만생만물은 신의 자비에 의해서 영혼을 수행할 수 있도록 부여된 것이다. 모든 재산이며 물질은 우리가 나룻배舟를 타고 수행하고 있을 동안에만 빌리고 있는 일시적인 차용물에 지나지 않으며 때가 되면 대자연에 반납하지 않으면 안 된다. 이 차용물은 본디 그 어떤 인간도 독점해서는 안 되는 물건이다. 인류는 누구나 다 신성을 깨닫고 평등하게 살아갈 권리를 신으로부터 부여받고 있으므로, 이 차용물은 인류 전체의 조화와 발전을 위해서 뜻있게 활용되지 않으면 안 된다.

　신의 몸인 이 지구를 평화스러운 낙원 유토피아로 완성시키는 것이 우리 인류에게 안겨진 사명이요 목적이다. 깊이 마음에 새겨 진리의 실천을 게을리 해서는 안 된다. 스스로의 용기와 노력으로 조화의 길을 열고 목적을 달성해야 한다.

　유물주의도 자본주의도 모두 물질경제 본위이며 마음을 상실하고 있기 때문에 그 마음을 되찾지 않는 한 인간을 구제할 길은 없다. 물질경제의 바탕 위에 자신의 마음을 확고히 가다듬고 보다 살기 좋은 사회를 우리의 손으로 세우지 않으면 안 된다. 노사의 쌍방이 투쟁과 파괴의 사상을 버리지 않는 한 쌍방의 멸망은 불을 보듯 자명한 일이다.

　단결이란 미명 아래 일부 정신이상자나 자기비호 의식이 강한 자가 철없는 대중을 선동하여 투쟁과 파괴의 행동을 유도하고 있지만 그 행위는 언젠가는 자신의 불행이 되어 자신을 해친다는 사실을 알게 될 것이다. 또 폭력으로 인간을 지배하였다 해도 그 폭력에 의해서 자신의 생명을 잃게 된다.

　인간은 부자연한 사상에 세뇌되어도 마음 밑바닥에는

신성을 지니고 있으므로 언젠가는 그 사상이 옳은가 그른가를 판단할 수 있게 된다. 그리고 그 부조화한 사상에서 멀어져간다. 폭력적 지배는 인간의 마음까지 지배할 수는 없다. 투쟁과 파괴의 행위가 얼마나 어리석고 못난 짓이었던가 하는 것을 인류는 모두 반성하게 된다.

내면적인 심적 관계가 인생에 얼마나 중대한 의의를 지니고 있는지를 우리는 알아야 한다. 영원한 전생윤회의 도상에 자신의 모습을 깨달음으로써 인류는 모두 형제라는 것을 마음으로 알게 된다. 오랜 전생윤회의 과정에서 만들어진 인류의 투쟁과 파괴의 카르마를 수정함으로써 이 지상에 낙원은 세워질 것이다. 하지만 그 과정에서 괴로운 경험을 몇 번인가 겪지 않으면 안 될 것이다.

진리의 씨앗은 그와 같은 괴로움의 극복에 의해서 인간의 마음속에 튼튼한 뿌리를 내려 고뇌의 인생을 구출한다. 오른편에도 왼편에도 마음이 넓은 사람들이 존재한다는 사실을 발견하고 인간은 상부상조하여 즐거운 인생을 보냄으로써 그 의의를 깨달아 간다.

물질문명 탓에 잃어버린 마음을 되찾고 혼란한 사회를

하나로 조화시키기 위한 노력을 통해서 우리의 영혼은
성장해 간다. 괴로운 역경에서 인류의 지식은 에너지
혁명도 일으키고 공해에서 몸을 보호하는 길도
발견한다. 대자연의 자원 속에서 생활의 지혜를
찾아내어 인생을 보다 풍족하게 해 준다.

　빛의 에너지, 전기 에너지, 자력 에너지 등을 응용한
기차가 발명되어 전자장電磁場을 안정된 기차에 실어
원거리까지 단숨에 운반할 수도 있게 되며 우주공간을
좁혀가기도 한다. 물질 지상주의는 전세前世의 유물로
전락하게 될 것이며 물질의 노예에서 해방되어 인류는
그 언어까지도 통일하게 될 것이다.

　자기보존과 자아아욕의 부조화한 사고방식으로써
살아갈 수 없다는 것을 깨닫게 된다. 전 인류의 상호협력,
조화 이외에는 전진할 길이 없다는 것을 알게 된다.
인류는 모두 형제임을 알게 되고 마음과 마음이
조화하는 사회가 실현되어 간다.

　원자 세포로써 구성되어 있는 육체는 진리를 깨달은
영혼이 지배하여 육체와 의식의 상호 관계를 확실하게
해명解明되어질 것이며 육체의 수명도 더욱 길어질
것이다. 인류의 지혜는 또 다른 천체를 발견해서

이주하게 될 것이다. 22세기 23세기의 인류의 지혜는 공간과 해저海底로 발전하여 풍부한 지구국가적地球國家的 환경環境을 건설할 것이다.

　그 동안에도 인간의 어두운 상념에 의한 몇 번인가의 국지적 천재지변局地的 天災地變이 일어나 마음이 부조화한 인간에 대한 경고가 있을 것이며, 현재의 국가군國家群의 눈은 우주 조직으로 돌려지게 될 것이다. 우리는 한시도 한 장소에 머무름이 없이 차원이 다른 세계로 진화해 가는 생명이다.

# 의식과 육체

    의식(영혼)은 이 세상과 저세상을 영원히 왕래하면서
살아가는 생명이다. 물질은 에너지 입자가 모여서
고체화된 것으로서 일을 할 수 있는 능력이 있다. 또한
질량質量과 에너지는 공존하며 불멸이라는 것을 현대
과학은 증명하고 있다. 에너지 입자가 집결된 것은
육안으로 볼 수 있으나 에너지 입자의 원형은 볼 수
없다. 전기의 에너지, 빛의 에너지, 열에너지,
자력磁力에너지, 중력重力의 에너지를 육안으로는 볼 수
없다. 하지만 이 에너지들이 우주 공간에 존재한다는
것을 아무도 부정하지 못한다.

마찬가지로 우리의 육체를 지배하고 있는 의식(영혼)의
존재도 부정하지 못한다. 육체가 전부라고 생각한다면
어째서 수면 중에는 눈眼 · 귀耳 · 코鼻 · 혀舌 · 몸身의 오관의
작용이 멈추는가 한번 생각해 볼일이다.

시각도 청각도 그 전기적 진동은 일정하게 움직이고
있는데 기능은 작용하지 않는다. 즉 잠잘 동안에는 귀가
열려 있는데도 듣고 기억하지 못한다.

인간의 뇌세포가 기억연합령記憶連合領이라고 불릴
만한 유기질세포소자有機質細胞素子로써 구성되어 있다고
가정한다면 아마 잠잘 동안에도 외부적인 일체의 현상을
기억할 수 있어야 하지 않는가! 그런데 애석하게도
그것은 불가능하다. 왜냐하면 수면 중에는 의식이
육체에서 떠난 상태이기 때문이다. 하지만
영자선靈子線이라는 것에 의해서 육체와 연결되어
있으므로 언제라도 필요에 따라 육체로 되돌아올 수
있게 되어 있다.

우리의 오관은 단독으로는 작용할 수 없으며 의식이
육체에 되돌아왔을 때 비로소 그 지배하에 놓이게 된다.
오관은 객관적으로 현상을 포착하여 대뇌에 전기적
진동을 일으켜 그 파장을 의식(영혼, 마음)에 통신을

전달한다. 의식의 지배는 육체 전체에 미치고 있다.
사고하는 능력도 일을 하는 능력도 모두 영혼의 의지에
의해서 가능하다.

　육체를 지닌 생명이 이 세상에 태어나서 공기에 접하게
되면 아무도 가르쳐 주지 않는데도 젖을 빤다. 이것은
신으로부터 부여 받은 본능本能의 힘인 동시에
전세前世에서 되풀이했던 습성習性의 반복이며 관성의
법칙이라고도 말할 수 있다.

　유아幼兒가 과연 두뇌로써 판단하고 있을까? 아니다.
그것은 의식(영혼, 마음)의 작용에 의해서 본능이 현상화된
모습이다. 울고, 잠자고, 젖을 빠는 시간대를 거쳐
유아는 성장해 간다. 잠잔다는 것은 육체의 휴식인
동시에 차원이 다른 세계에서 마음의 연료(에너지)를
보급 받아 오기에 필요한 시간대이다.

　자비도 사랑도 없는 부조화한 생활을 하고 있는 사람은
그 의식(영혼, 마음)이 차원이 다른 세계에 갔을 때(즉 잠잘
동안에) 자신의 분신分身(영혼의 형제)이나 본체本體(영혼은
한 개의 본체와 다섯 개의 분신으로 한 그룹을 형성하고 있음), 또는
수호령에 의해서 그 의식이 연마될 때가 있다. 아침에
일어났을 때 머리가 무겁거나 아픈 것은 대개 영혼이

연마된 뒤에 일어난 현상이다. 이런 현상이 일어났을
때는 연마되지 않으면 안 되었던 그 원인을 찾고 자신의
일상생활을 잘 반성해 볼 필요가 있다. 기분 나쁜 꿈 또한
영혼에 대한 경고警告이다. 의식(영혼)이 육체에 돌아오면
꿈은 거의 기억에 남지 않도록 되어 있기 때문에
띄엄띄엄 단편적인 것만 기억할 수 있다.

　마음이 조화되어 있으면 부조화한 기분 나쁜 꿈은 꾸지
않는다. 이렇게 말하는 자체가 꿈같은 이야기로 들릴지
모르지만 원인이 있으므로 현상이 일어난다는 진리를
이해한다면 결코 엉터리 같은 이야기로 돌릴 수는 없을
것이다.

　뜻밖의 장소를 보고 있을 때는 과거세의 장소를 보고
있을 경우가 많다. 의식이 육체로 돌아오면 단편적인
희미한 기억밖에 남지 않기 때문에 흔히 말하는 꿈같은
이야기가 되어 버린다.

　이 세상은 어디까지나 영혼의 수행장인 3차원의
세계인만큼 조화되어 있는 올바른 마음의 소유자,
진리생활을 실천하고 있는 사람들 이외에는 비록 차원이
다른 세계의 상태를 보고 온 경우에도 기억을 되살릴
수 없도록 틀이 짜여 있다.

진리를 깨닫고 마음이 조화됨에 따라 비록 꿈이라 할지라도 차원이 다른 저 세상에서 견학한 것을 처음부터 끝까지 기억해낼 수 있게 된다. 우리의 의식이 육체를 이탈한다는 사실은 광자체光子體라는 '또 한 사람의 자신'이 있다는 것을 의미한다. 그래서 이 광자체光子體가 차원이 다른 저 세상에 갔을 때 이따금 죽은 친지들을 만날 경우도 있다. 이 세상에 살아 있을 때의 이야기에 꽃을 피우기도 하고, 저 세상의 아름다운 풍경이며 저 세상 사람들이 입고 있는 각양각색의 의복 등 일체의 기억을 가지고 돌아온다. 또한 살아 있는 친구의 수호령을 만나 대화하고 돌아올 경우도 있다.

　　물론 지구상에서도 우리의 의식이 즉 광자체가 육체를 이탈하여 지구 어디든지 보고 온다는 것은 매우 간단한 일이며 별로 놀랄 일이 아니다.

　　인간은 어느 누구를 막론하고 이런 능력을 지니고 있는데 대부분의 사람들이 그 능력을 개발하지 못하고 사장시키고 있을 따름이다. 이런 능력은 어디까지나 마음의 조화에 의해서 발휘할 수 있는 것임에도 불구하고 일부의 사람들은 육체적인 수행이나 최면적인 암시 등으로 그것을 구하려고 한다. 문제는 이럴 때 일어나게 되는데 자칫 잘못하면 부조화한 영(악령)에 빙의되어 폐인이 될 수 있으니 주의하지 않으면 안 된다.

진리를 깨닫지 못한 채 영적 현상만을 좇는 것은 인생의 가장 위험한 줄타기이다. 관자재력觀自在力이 생기는 진리眞理는 마음과 행함의 일치에 있다. 지혜도 신의 힘도 자신의 마음의 왕국에서 샘솟는 것이고, 수호령이나 지도령의 협력에 의해서 지혜의 보고가 열림으로써 생기는 초능력이다.

일상생활을 소홀히 하고 마음과 행위가 조화되지 못한 채 영적 현상이 일어나는 사람은 우선 마음에 불안이 없는가, 몸에 이상은 없는가, 거만하지 않은가, 성내는 마음, 원망하는 마음이 일어나지 않는가 등을 잘 살펴서 한 가지라도 걸릴 경우에는 그 마음을 올바른 방향으로 수정하지 않고서는 영적재화를 면할 길이 없다는 것을 명심해야 한다.

영도靈道를 여는 것이 인생의 목적이 아니다. 신神의 자녀로서의 사명을 다하기 위하여 진리를 실천하고 그것을 마음과 행동의 양식으로 삼는 것이다. 마음과 행함의 조화를 꾀하고 서로 협력해서 보다 좋은 인간 사회를 구축하며 평화의 유토피아를 완성해야 한다.

이것이 인생 수행의 중요한 목적이다. 이러한 목적을 달성할 수 있는 사람은 상념의 힘에 의해서 의지가 생기고 그 의지는 육체를 통해서 행위로 나타나며 그 행위에 의해서 선과善果가 열린다. 이 선과를 위해서도 우리는 자신의 힘으로 자기 확립을 이룩하지 않으면 안 된다.

중도中道의 생활을 하고 있는 사람은 악몽에 시달리지도 않으며 아침에 일어나면 상쾌하다. 항상 마음은 평화롭고 여러 가지 현상에 집착하지도 않으며 안심입명安心立命의 하찮은 일에 마음이 흔들리지 않는 일상을 보내고 있다.

중도中道를 실천하고 있는 사람들 가운데도 가끔 지옥에 끌려가게 될 경우가 있다. 그것은 견학을 위한 의도적인 목적에서 이루어지는 여행이다. 중도中道에서 벗어난 생활을 하고 있는 사람은 그 마음이 항상 불안하고 부조화한 세계로 통하고 있기 때문에 그 꿈도 악몽이다. 꿈은 의식 가운데 일어나는 현상이지만 그 의식이 이 세상의 육체에 되돌아오면 앞서도 말한 바와 같이 표면 의식과 상념대想念帶의 저항에 부딪쳐 기억해 내기가 힘들다.

# 기억의 근본

의학적으로 대뇌는 사고하고 상상하며 기억하는 장소라고 설명되고 있다. 이러한 생각은 어디까지나 육체 현상만을 관찰한 결과에서 비롯된 판단이다. 그런데 이 의학적 판단이 과연 옳은 것일까.

여러 차례 보기로 인용하였지만 인간이 수면 중에는 어째서 오관의 변화에 대하여 뇌 속의 기억실은 반응을 보이지 않는 것일까. 가령 우리가 잠자고 있을 때에는 눈을 열어도 보이지 않고 머리맡에서 누가 이야기를 해도 귀에 들리지 않는다. 귀는 틀림없이 말소리를 듣고 그 소리의 진동을 전달하고 있음에도 불구하고 말이다.

그런데 기억에는 남지 않는다. 그러니 뇌 세포가 모든 기억의 근본이라고 생각하는 판단은 사람이 눈뜨고 있을 동안에는 합당하게 여겨지지만 수면 중의 해답은 되지 못한다. 즉 뇌 세포 이외의 제3의 작용이 있다고 볼 수 있으며 또 그렇게 생각하는 것이 순리이다.

그것은 무엇일까. 기억의 장본인 그것은 육체의 주인공에 다름 아니다. 주인공의 뜻에 따라 육체주는 자유롭게 움직이게 된다. 하지만 잠들어 있을 동안에는 의식이라는 주인공이 육체를 떠나 있기 때문에 육체 차원에서 일어나는 여러 가지 현상의 파장을 수용하지 못하게 된다.

잠에서 깨어날 때 비로소 의식(주인공)이 육체에 돌아온 것이므로 육체는 색심불이色心不二=色卽是空의 상태가 되어 자기의 의지에 따른 상념과 행위의 생활 활동이 가능해 진다.

눈에 보이는 것은 시각 신경을 통해서 뇌세포의 신경 부분에 전기적 반응을 일으켜 그 뇌파의 진동(통신)에 의해서 의식(영혼)에 전달된다. 이와 마찬가지로 다른 오관들도 저마다의 담당 신경부위에 통신이 전달되어 의식이 기억할 수 있게 된다. 즉 오관의 작용은

객관적으로 포착한 영상을 각 신경이 뇌에 전달하면
뇌에서는 뇌파라는 전기적 진동을 일으켜 의식(영혼)에
전달하는 메커니즘으로 구성되어 있다.

하지만 진리를 깨닫고 중도中道의 생활을 통해서
영도가 열린 영능자들은 금세에서 배운 적도 없는
말로써 저마다의 과거세를 이야기하고 있으며 그리고
그 과거세의 이야기들이 한 곳 한 사람이 아니라 여러
곳에서 여러 사람에 의해서 말하여지고 있다. 그 내용의
명칭이나 사건들이 서로 일치하고 있다는 사실을 미루어
보면 물질주의 사고로써도 차원이 다른 의식(영혼)의
존재를 부인할 수는 없는 노릇이다.

영능자靈能者들이 성서 사도행전 2장에 기술되어 있는
것과 같은 과거세의 대화를 거침없이 하고 있다는
이 현상적 증거가 있는 이상 영적 존재를 부인할 수 없을
것이다.

만약 기억의 장치가 뇌세포에 있다고 한다면 과거세로
거슬러 올라가서 과거세의 육체(뇌)를 되찾지 않는 한
과거세의 회상은 불가능한 이야기다. 과거세로 가서
당시 육체를 찾기란 그야말로 꿈에도 있을 수 없는
일이다. 과거세의 기억을 되살릴 수 있다는 사실만

보더라도 모든 기억의 근본은 의식(영혼)속에 있다는 것을 입증할 수 있다. 결국 뇌라는 것은 의식의 의지에 따른 통신 활동의 육체 각 기능의 관리실 계산센터와 같은 곳이라고 인식하면 좋을 것 같다.

의식(영혼)이야말로 우리들의 근본이요 우리들 자신에 다름 아니며 이 세상과 저 세상을 전생윤회하고 있는 생사生死가 없는 생명이다. 인간의 생사生死란 육체의 갈아타기에 지나지 않으며 비록 육체가 멸망해도 영혼은 영원히 변화하지 않는다.

따라서 우리가 과거세를 회상하기도 하고 금세에서 배운 적이 없는 말로써 이야기할 수 있는 이런 현상은 당연한 것이며 조금도 이상한 일이 아니다.

사람은 누구나 자신의 생명이 결코 금세에 한정된 것이 아니라는 사실을 잠재의식의 비디오테이프로 재생시켜 볼 수 있게 될 날이 반드시 오리라고 본다.

우리는 인생 항로의 나룻배(육체)의 눈·귀·코·혀· 몸이라는 오관을 부리면서 생활하고 있기 때문에 육체가 전부인 양 착각하고 있다. 그 결과 무슨 일이든지 간에 육체의 지배자인 의식, 그 의식의 중심인 '마음'과 상의함이 없이 오직 오관의 판단에만 의존하면서

생활하고 있다. 자기보존, 자아아욕에 빠져 지적知的
판단에만 기울어져 신성神性·불성佛性을 망각하기
일쑤다.

우리들의 영혼 즉 의식에 잠재하고 있는 마음의
세계에는 과거세에서 배운 경험이 무한한 지혜의
보고寶庫로 간직되어 있다.

조화된 정신생활에 의해서 그 잠재의식은 열리고,
보고 속의 위대한 지혜는 용출한다. 우리의 영혼은
전생윤회에서 쌓아온 과거세의 귀중한 경험들을
살림으로써 보다 높은 차원으로 진화해 간다. 이것이
인생수업의 참모습이라고 할 수 있다. 또한 그렇게 하는
것이 신의 자녀로서의 당연한 의무라고 할 수 있다.

만일 여기에 의문을 품는 독자가 있다면 이 책을
숙독해서 우선 진리를 일상생활에 살려볼 필요가 있다.
건강, 운세 등 모든 면에서 반드시 좋은 결과가 나온다는
것을 알게 될 것이다.

하지만 영적 현상만을 좇고 영능이 탐이 나는 사람들이
자기만족, 영업목적, 자아아욕, 자기보존 등의 마음을
가지고 그것을 부리면 예외 없이 동물령이나 마왕에게
의식을 빼앗기고 고뇌의 늪에 빠진다.

진리의 조화를 유지하면서 생활하는 것이 무엇보다도 중요한 일이다. 이런 생활을 할 때 비로소 인간은 두뇌가 전부라는 착각에서 벗어날 수 있다.

# 인생항로의 배舟

이 세상에서는 색심불이色心不二, 즉 육체와 마음은
일체라는 뜻이다. 영혼과 육체는 제각기 차원이 다른
세계이며 영원히 변하지 않는 영혼이 변하는 육체의
배를 타고 항해하는 과정이 바로 이 세상의 인생이다.

영혼과 육체의 관계는 에너지와 물질의 관계와
마찬가지인데 다른 점은 에너지는 자율적인 의지를
가지지 않는다는 점이다.

육체는 약 60조나 되는 세포 집단에 의해서 각
기관器官과 오체五體가 구성되며 이 세포들은 에너지의
보급을 받아서 자신의 사명을 충실히 이행하고 있다.

그러나 육체 자신은 의지를 가지지 않는다. 각 세포 제기관諸器官은 저마다 의식을 가지고 있지만 단독으로 활동할 수는 없다. 물질과 에너지의 관계와 매우 닮았다.

육체는 지배자인 의식이 작동함으로써 비로소 그 의지에 따라 오체의 행위가 가능하도록 되어 있다. 이처럼 육체는 어디까지나 영혼의 나룻배라는 것을 아무도 부인할 수 없다. 우리의 육체는 영혼을 수행하는 인생의 나룻배로서의 사명을 완수하기 위해서 신神과의 약속 하에 모체 내에서 정자와 난자의 결합 조화에 의해서 형성된 것이다. 또 이 세상에 적합한 나룻배(육체)는 신의 뜻에 따라 생식 본능이 부여되어 자손 보존이 가능하게 되어 있다.

우리의 의식(영혼)은 차원이 다른 의식의 세계에서 수행차 내려오는 것인 만큼 이 세상에 존속되고 있는 육체라는 나룻배를 타지 않고서는 인생을 항해할 수 없게 되어 있다.

신은 신체神體인 이 지구상에 인류의 마음과 마음의 조화를 도모할 수 있도록 만상만물萬象萬物을 부여하였다. 투쟁과 파괴가 없는 사회를 구축할 사명과 과거세에서 지은 자신의 업(카르마)을 수정하고 보다 고차원의 세계로 진화하기 위한 목적을 가지고 태어난 것이 우리 인간이다.

종래의 대부분의 종교 지도자들은 육안으로 보이는 육체적 현상에서 신앙의 대상을 구해 왔다. 그 결과 육체 조상이 전부인 양 생각하여 영혼까지도 육체 조상으로부터 물려받은 것으로 착각을 해 왔다. 그런 연유에서 신앙은 조상에 대한 훌륭한 묘지와 재를 공양함으로써 성불될 수 있는 것으로 변질하였으며 또 그렇게 함으로써 자손들도 구제 받는 것으로 되어버렸다.

즉 장례 불교, 재齋의식에 의한 조상 공양에 빠져버렸다. 일종의 교주를 자칭하는 자들도 이런 좁은 소견의 테두리를 벗어나지 못하고 있으며, 이런 엉터리 교리를 광신하고 있는 신자들은 그 또한 얼마나 많은가.

신심信心이란 특정한 장소에서 특정한 행사를 올리는 것이 아니다. 주어진 환경에서 자신의 사념과 행위를 항상 반성하면서 감사와 보은으로 중도를 실천하는 일상생활 가운데 올바른 신심이 있다는 것을 알아야 한다.

예수님도 석가모니 부처님도 조상을 예배하라고는

가르치지 않았다. 물론 우리들은 조상과 부모의 인연에 의해서 육체를 부여 받고 있으므로 그들에 대한 감사의 마음을 저버려서는 안 된다. 하지만 그 감사의 표현은 보은의 행위로써 보답할 수가 있다. 형제, 자매가 의좋게 생활을 누리는 것도 그 보은의 하나이다.

죽은 육체 조상에 대해서 감사하는 것은 당연한 일이지만 좋은 묘지와 융숭한 불공을 바라는 조상이 있다고 한다면 이런 조상은 100% 지옥에 있다. 만일 조상이 지옥에 떨어져 있을 경우에도 살아 있는 자손들이 그 조상을 향하여 육체 생활을 하던 당시의 마음 상태, 사명, 목적 등을 잘 설명해 줌으로써 그 조상의 방황하는 마음을 구제 천도해 줄 수 있다.

불경의 뜻도 모르고 죽은 분에게 어려운 경문을 외워 공양하는 것은 아무 뜻도 없다. 상대를 이해시키지 않고서는 개과 천도시킬 수 없다.

이 세상의 묘지나 불단 제단에 미련을 가지고 있는 영들은 100% 지옥에서 생활하고 있는 영들이기 때문에 가족의 부조화한 상념에 빙의해서 집안을 더욱 부조화하게 하는 경우가 많다.

이럴수록 살아 있는 가족들이 진리眞理에 맞는 생활을

하지 않으면 안 된다. 그렇게 하지 않으면 자신들의
영역靈域이 조화되지 않으므로 부조화한 악령을
불러들이게 된다.

죽은 조상의 영에게 이 세상에 대한 집착을 버리도록
가르쳐 주는 것이 으뜸가는 공양이다. 가족들이 섭리에
따른 생활을 하며 빛이 충만한 즐거운 가정을 꾸미게
되면 죽은 망령들도 이것을 보고 깨닫게 된다.

불단만이 공양의 장소가 아니다. 한편 깨달은 조상의
영은 이 세상에 집착이 없기 때문에 아무 재앙이 없다.
차원이 다른 세계에서 생활해야 하는 몸인데도 불구하고
이 세상에 집착하여 방황하고 있는 영들에게 우리는
빙의되어서는 안 된다. 진리를 실천하고 있으면 몸은
신의 빛에 싸여 보호를 받게 되므로 부조화한 영들에
빙의될 리 만무하다. 악령에게 빙의된다는 것은
어디까지나 그 책임이 자기 자신에게 있다.

진심으로 명상적 반성을 실천할 때 우리의 의식은 신의
빛에 싸이므로 부조화한 영들도 그 빛에 의해서 자신의
잘못을 깨닫게 된다.

조상은 예배하는 대상으로서가 아니라 감사하는
대상으로서의 보은 공양이 바람직하다. 몸이 건강하다는

것도 훌륭한 사회인으로서 생활을 하고 있다는 것도 보은의 공양이 되는 것이다.

현대 종교의 많은 부분이 조상 신앙으로 타락하여 신심의 근본도 흐려져 버렸다. 그 원인은 오랜 세월 동안에 진리가 인간의 지식知과 생각意이 가미되어 타력 신앙으로 변질해 버린데 있다. 여기에 따른 종교 산업이 인간의 마음을 더욱 진리에서 멀어지게 하였다.

많은 학자들 가운데는 이 책을 읽고 이런 엉터리 같은 일이 어디에 있느냐고 반문하는 분도 있을지 모르겠으나, 지식으로는 여덟 가지 바른길〔正道〕을 이해하기 힘들다. 종교에 대한 기성관념을 버릴 것, 이것은 자기 자신을 깨달을 수 있는 지름길이다.

또 교주를 자칭하는 자들 가운데에도 언젠가는 중도中道에 귀의하게 되는 자도 나타나게 될 것이다.

불교나 기독교의 원리를 잘 깨닫고 있는 성직자들 가운데에도 진리가 자신들이 탐구하는 법과 일치한다는 데 확신과 기쁨을 가지는 분들도 많이 나타나리라고 본다.

석가모니 부처님의 진리를 설법하던 당시에 대표적인 교주는 푸르나 카샤파, 아지타 케사간바리, 막가리

코사라, 나간다나 푸다, 파구다 카차냐, 산자들이었는데
그 교리는 저차원이었으며 그들의 제자들은 싫증이 나서
석가모니 부처님께 귀의해 버렸다. 파구다 카차냐,
푸르나 카샤파, 사리자(사리푸트라) 등도 한 교단의 지도자
혹은 그 제자들이었었다.

# 5부

# 올바른 자신을 확립하는 길

# 작용에는 반작용, 결과에는 원인

자신의 허영심을 행동으로 나타내보아야 괴로움만
쌓일 뿐이며 그것은 공허한 인생이다.

허영심은 자기보존으로 조화를 깨뜨리는
사고방식이다.

마음에 거짓이 없는 생활이야말로 인간다운 삶이며,
마음에 있는 것을 진솔하게 토해낼 수 있는 사람은
상념에 구름을 끼지 않게 하는, 마음이 아름다운
사람이다.

왜냐하면 마음에 구름이 없으므로 괴로움이나 슬픔의
원인을 만들 리 만무하며 그런 마음은 신의 빛에 싸여

환하게 빛나기 때문이다.

괴로움이나 슬픔이 어떤 결과라는 것을 안다면 그것을
만들어내는 원인, 즉 연緣을 멀리해야 한다. 여덟 가지
바른길〔正道〕은 이러한 올바른 자신을 확립해 가는
길이며, 영혼을 정화시키기 위한 신의 뜻이다.

# 반성을 통한 지름길

삼법인三法印은 '진리'를 뜻하며, 반성을 통한 자기 확립의 지름길이다.

## 1. 제행무상諸行無常

시시각각 일초 일초 우리는 주변의 무상한 모든 것과 이별할 때가 다가오고 있다. 형체가 있는 것은 언젠가는 무너지고 반드시 사라진다. 태어나면 반드시 늙고 죽게 되어 있다.

이 세상의 모든 현상은 반드시 변화하고 형태가 바뀐다. 그리고 없어진다. 사회적인 지위, 명예, 재산,

이력서 등은 무상한 것이기 때문에 반드시 없어진다.

영원 속에서 100년의 인생은 일초 같은 짧은 인생인데 인간은 왜 그림자 같은 무상한 물질에 매달리는지?

제행무상을 이해했다는 것은 깨달음의 시작이라고 할 수 있다. 이 세상은 영혼의 수행장이요, 영혼이 진화하기 위한 귀중한 장소이다.

인간은 잔상殘像이라는 환상幻想을 진짜인 줄 알고 죽을 때까지 뒷그림자를 잡다가 끝난다. 사물에 집착하지 말고 충실한 일일일생一日一生으로 살아간다면 신은 무한한 축복과 평안을 주실 것이다.


## 2. 제법무아諸法無我

자연의 법칙·진리에는 자아自我가 끼어 들 수가 없다. 자연은 지상에 아름다운 꽃동산이 있게도 하고 홍수, 폭풍, 지진, 해일을 일으켜 인간들에게 따끔한 매를 때릴 때도 있다.

자연은 무상한 것이다.

마음이 있는 것 같으면서도 없고 없는 것 같으면서도 있는 것이 자연의 모습이다.

법法·법칙法則에 사심이 있고 집착이 있다면 그것은

법法이 아니다.

법은 무아無我라는 중도中道에 따라서 작동하고 있다. 제법은 무아이고 중도이다. 우리도 중도에 따라서 생활한다면 비도 바람도 신神의 자비라고 납득할 수 있을 것이다.

형체가 있는 것은 영원히 존재하지 못한다. 반드시 없어진다.

제행무상諸行無常의 세상을 제행유상諸行有常으로는 할 수 없다는 것이 우주를 지배하는 법칙 즉, 제법諸法이다.


## 3. 열반적정涅槃寂靜

열반적정은 큰 깨달음을 뜻한다.

열반적정의 경지는 석가모니 부처님의 경지를 말했던 것이며 우리 중생들이 부처님의 경지에 도달하려면 십억 년十億年이 걸릴 것이라고 말씀하셨다.

제행무상과 제법무아를 잘 수행하면 각자 나름대로의 평안을 얻을 수 있을 것이다.

# 마음의 목욕

　우리는 죽을 때까지 목욕을 하면서 살아야 한다.
하루의 일과도 아침 세수로 시작해서 저녁 세면이나
목욕으로 마무리를 한다. 만일 한 달이고 일 년이고
목욕과 세수를 못한다면 어떻게 될까? 그처럼 답답한
일은 없을 것이다. 그런데 우리는 일 년이고 10년이고,
아니 평생토록 목욕 한번하지 않고 일생을 보내는
경우가 많다.

　그것은 다름 아닌 마음의 목욕이다. 몸을 씻는 것
이상으로 소중한 것이 마음을 씻는 것이다. 우리는 매일
몸을 깨끗이 씻으면서 마음의 때를 닦는 일은 잊고

살아간다. 부끄럽고 한심한 일이 아닐 수 없다.

욕심, 성냄, 미움, 시기질투, 험담, 자기과시, 불평불만, 싸움, 우울, 조급함, 나태 등 마음속에 온갖 때라는 때, 독이란 독은 다 묻힌 채 일생을 살아가고 있다. 일생 동안 여러 가지 재난이나 사고와 같은 경고를 받으면서도 그것을 알아차리지 못하고 일생을 졸업하는 사람이 얼마나 많은지 모른다. 그러면 마음을 깨끗이 하기 위해서는 어떻게 하는 것이 좋을까? 그것은 다름 아닌 반성을 통한 생활이다. 마음의 목욕법은 반성의 길밖에 없다.

천주교에서는 성찰, 기독교에서는 회개, 불교에서는 참회를 목청 높이 외치고 있지만, 그에 대한 참다운 의미와 방법을 가르치지 못하고 있는 것 같다. 인간은 기도나 염불만으로는 절대로 구제 받을 수 없다. 자기구제는 철저한 자기반성과 그에 따른 실천을 하는 생활 밖에 없다. 신앙은 타력이 아니라 자력이어야 한다.

만약 더러운 마음을 이 세상에서 목욕시키지 못하고 저 세상에 가지고 간다면 저 세상에서는 말할 수 없는 고통이 수반되는 반성을 강요당하게 된다. 신은 우리에게 몸을 씻는 물을 무상으로 준 것처럼 마음을 씻는데 필요한 '반성'이라는 자비의 빛을 주었다.

반성이야말로 인간의 본성을 확인하고 반야에 이르러 신과 대화할 수 있는 유일한 길이다.

# 반성

　지난날의 상념과 행위를 되돌아보고 진리眞理에
맞는가, 안 맞는가를 마음속에서 자문자답自問自答 해
보는 것이며, 그 잘못의 원인을 바로잡고 보다 훌륭하게
영혼을 정화해 가는 것이다.

　어디까지나 자기 자신을 중도中道에 두고 제삼자의
입장에서 자신을 여러 각도에서 살펴보는 것이 가장
중요하다.

　자기보존自己保存, 아욕我慾의 수정을 위해서 노력하는
것이 그 첫째 목적이며, 혹 자만심에 빠져 있지 않는가를
살펴보는 것도 반성의 한 가지 방법이다.

이렇게 하면 상대방은 어떻게 생각할까.

자기가 상대방의 입장이라면 어떻게 할까.

상대방을 동정하는 나머지 혹 자비마慈悲魔가 되어 있지나 않을까 등 반성에 대해서 언급하려면 끝이 없다. 반성의 재료는 무한하리만큼 많다.

자신의 마음에 거짓은 없는가.

나쁜 사고방식, 나쁜 행동에 대해서는 두 번 다시 되풀이하지 않도록 결심해야하며, 자신에겐 엄격하고 남에겐 관대한 마음으로 생활해야 한다.

반성은 후회하기 위해서 하는 것이 아니다.

참회하여 하나님에게 사죄하고 전진하기 위한 것이며 마음을 정화시켜서 참나眞我로 돌아가기 위한 것이다.

반성은 신성神性이라는 자신의 잠재력을 발휘시키는 길이다.

# 반성의 의의

사람은 일상생활을 하는 동안 여러 가지 고통, 슬픔, 무정無情 등에 봉착하면 회의와 반성을 구하는 기회를 갖게 된다.

친지의 죽음이나 사회적인 모순, 일신상의 질병, 어쩔 수 없는 운명의 장난, 헛수고 등이 그것인데, 인생의 어느 시점에서 반드시 한두 번, 많게는 수십 번이 넘게 자기 자신을 되돌아보는 기회를 맞이한다. 그때 우리는 저 세상에서 이미 배웠던 것에 대한 향수를 느끼게 된다.

인간은 무엇 때문에 태어났으며 어디로 가는 것일까,

죽음이란 무엇일까? 라는 의문이 가슴을 스칠 때, 지금까지 잘못 살아온 인생의 정신적 방향을 수정하고 올바르게 살아야겠다고 다짐한다면 그는 저 세상에서 배운 것을 이 세상의 현실생활에서 활용하게 되는 것이다.

반대로 이것은 이렇고, 저것은 저렇다는 식으로 단정 지으며 육체적 감각만을 좇는 생활을 한다면, 이 세상에 태어날 때 했던 약속을 위반한 것이므로 저 세상으로 다시 돌아가면 몇 백 년 혹은 몇 천 년 동안 어두운 곳에서 혹독한 수행을 해야 한다. 그런 과정을 겪은 후 다시금 이 세상에 태어났을 때에는 과거세에 자신이 이루지 못했던 것을 하기 위해 전생과 같은 생활환경을 선택하여 같은 운명으로 태어난다. 이런 과정은 한두 번에 그치지 않고 본인이 깨달아 자신의 카르마(결점)를 수정할 때까지 되풀이된다.

가령 전생에서 부자로 태어나 유복한 일생을 보냈지만 부자였기 때문에 사람들을 깔보고 어려운 사람을 돕지 않은 채 거만하고 허영 된 삶을 보냈다면, 그는 부자라는 환경에서 자신의 영혼을 향상시키는데 실패했으므로 다시 한 번 그와 같은 부유한 환경에서 태어나 자신을 시험하게 되는 것이다.

얼핏 보기에 부자의 일생이 즐거워 보이지만 그렇지
않다. 만약 부유한 환경에서 잘못 살았다면 저 세상에
돌아가서도 큰 문제이다. 유복한 생활에 젖어 오만한
마음으로 살았기 때문에 오만한 인간들이 모이는
에고[利己]의 세계에 떨어진다.

에고Ego의 세계에는 마음의 평안이라고는 찾아볼 수가
없다. 같은 부류의 사람들만이 모였기 때문에 서로
자기가 최고라고 우쭐대며 싸움을 벌인다. 좌우 어디를
둘러보아도 적敵뿐이다. 부자이면서도 다른 사람에게
베풀 줄 모르기 때문에 그의 눈앞에는 돈과 물질에
집착하는 아귀계餓鬼界가 전개된다.

그곳은 이 세상과는 달리 자기의 말을 듣고 복종해
주는 사람이 없으므로 사소한 일을 하더라도 혼자
힘으로 해야 한다.

유복한 생활에 젖어 완력이 약하기 때문에 언제나
패배의 슬픔을 맛보지 않으면 안 된다.

이 세상은 수행장修行場이므로 부자이든 가난한
사람이든 자기가 선택한 환경에서 어떤 마음가짐으로
어떻게 살아가는지가 중요하다. 만일 자신의 환경을

이기지 못하고 좌절하거나 실패했다면 다시 한 번 그와 같은 환경을 택해 자신을 수행해야 한다. 이것이 바로 인간의 운명이다.

이것을 불교에서는 업業(카르마)이라고 하며, 기독교에서는 원죄原罪라고 한다. 업도 원죄도 인간의 마음에 깃든 마魔다. 마魔의 작용인 것이다. 그 마魔가 인간으로 하여금 저 세상에서 배운 것을 잊어버리게 하고 오관에 의한 육근에 사로잡히는 생활을 하는 원인을 만들고 있는 것이다.

마魔란 자기본위의 감정, 자아아욕自我我慾을 말한다. '가령 돈은 없는 것보다는 있는 편이 좋다.' 라는 자연스러운 감정을 교묘하게 이용하여 필요 이상으로 돈에 집착하도록 선동하는 것이다.

성경에 보면 사탄이 예수님을 시험하는 장면이 있다. 사탄이 예수님에게 '만일 그대가 엎드려 나에게 절을 한다면 이 세상의 모든 나라와 영화를 주겠다.' 라고 말하자 예수님은 '사탄아 물러가라.' 라고 일갈한다. 악마는 결국 예수님의 강한 신념에 꺾여 물러나고 만다. 이처럼 예수님과 같은 신神의 사자使者에게도 마魔가 깃드는 것이다.

석가모니 부처님도 출가 후 육체 고행을 하는 6년 동안 여러 가지 시련에 부딪친다. 미녀의 무리에 싸여 정욕을 시험받기도 하고 수행의 무의미함, 깨달음의 공연한 헛수고, 낙원 같은 카필라성이 뇌리에 떠오른다. 몸은 말라비틀어지고 보기에도 비참한 몰골이 되자 출가의 목적이 안개 속으로 사라지는 것을 느끼기도 한다. 그러나 석가모니 부처님은 자신의 마음속에 깃든 악마의 속삭임에 흔들리지 않고 초지初志를 굽히지 않았다. 그래서 석가모니 부처님은 악마에게 이겼다. 우주대로 확대된 자기 자신의 모습을 보고 인간의 본성本性을 알게 된다.

인간의 괴로움은 자신의 마음속에 깃든 악마의 속삭임에 귀를 빼앗기는데 있으며, 그것만 극복하면 인간은 누구나 신神에게 부여받은 참된 자유와 법열法悅을 얻을 수 있다는 것을 깨닫게 된다. 괴로움의 근본 원인은 마음속에 깃든 악마의 목소리에 자신이 놀아나는 것이며, 악마가 유혹하는 소리를 따라 움직이도록 몰고 가는 것이 바로 인간의 육근六根이다.

인간은 육체라는 오관을 지니고 생활하기 때문에, 저 세상에서 배운 인생의 사명과 목적을 까마득히

잊어버린 채 숙명적으로 육근 번뇌를 짓고 고통의
바다에 빠지게 된다.

육체는 따로따로 독립되어 있다. 자신과 다른 사람을
구별하고, 남자와 여자, 늙은이와 젊은이를 구별하며,
심지어는 형제자매까지도 구별한다.

더욱이 인간은 각자의 정신 상태와 사고방식,
생활환경 등이 다르기 때문에 육근이 작용하게 된다.

인간의 육체가 별개로 독립되어 있는 것처럼 보이지만
실상은 하나이다. 인간의 육체를 X선에 비추면
그 육체는 투명하게 보인다. 뼈와 질병의 부위가 검게
보일 뿐이다. 엄격하게 말하면 혈관도 검게 비친다. 더욱
강하게 비추면 뼈 부분도 투명하게 되고 육체 저편이
보이게 된다. 이것은 육체가 눈으로는 있는 것처럼
보이지만 실제로는 없다는 것을 뜻한다. 즉
육안肉眼으로는 개별적으로 있는 것처럼 보이지만
실상은 공기나 우주의 입자粒子에 동화되어 있는 것이다.

실상으로 있는 것은 그 사람의 의식意識, 영혼靈魂이다.
육체는 에너지 입자가 압축되어 일정한 장소에 모인
것에 불과하다. 그렇기 때문에 육체는 일정한 시간이
지나면 우주공간에 환원된다. 육체적 죽음이 그것이다.

육체가 독립해서 살고 있다고 느끼는 것은 눈의 착각, 환각幻覺에 지나지 않는 것이라고도 할 수 있다. 괴롭거나 아프고 기분이 좋은 것 등을 느끼는 신경작용神經作用은 압축된 육체세포에 의식 즉, 영혼이 작용하기 때문에 일어나는 현상이다.

인간에겐 영혼과 의식이 있으므로 온갖 사상事象을 포착할 수가 있다. 엄밀히 말해서 육체는 단순한 매체媒體에 지나지 않는 것이다. 그러나 우리는 육체가 곧 자신이며, 인간이라고 생각하기 쉽다. 영혼이나 의식은 육체가 있으므로 존재하는 것이라고 착각하며 생활한다. 육체를 우선으로 하는 생활을 할 때 육근을 낳게 되는 것이다.

육체는 결코 자기 자신도 아니며, 자신의 소유물도 아니다. 이 세상에서 생활을 하는 동안 잠시 빌린 자동차이다. 다 쓰고 나면 돌려주어야 하는 차용물이다.

나도 아니고, 내 것도 아니라고 해서 육체를 소홀히 하라는 뜻은 결코 아니다. 부모와의 약속에 의해서 신으로부터 빌린 신의 물건인 만큼 더욱 소중히 감사하게 사용해야 한다. 육체를 소중히 한다는 것과 육체중심의 생활을 한다는 것은 그 뜻이 근본적으로 다르다. 육체 중심의 생활이 육근을 낳게 된다는 것은 앞서도 말한 바와 같다.

육근六根이란 안眼, 이耳, 비鼻, 설舌, 신身의 오관五官에 의意가 작용하여 번뇌를 키우는 것을 말한다. 이때의 의意는 자아아욕自我我慾의 의식을 말하는 것이다.

아욕이 작용하면 영혼이 오관에 매달리게 되므로 원래 우주대宇宙大의 넓이를 지닌 영혼의식이 차츰 짜부라져서 마침내 번뇌의 손아귀에 떨어져 마의 포로가 되고 만다. 바로 업業(카르마), 또는 원죄原罪가 되는 것이다.

육근이란 안眼, 이耳, 비鼻, 설舌, 신身, 의意 여섯이 서로 관련하여 자라는 것이다. 오관이란 의意를 제외한 다섯 가지의 육체적 기능을 말한다. 따라서 오관은 육체의 부분이고, 의는 의식意識의 부분인 정신기능이 되는 것이다. 육근이란 의意=精神가 오관에 매달리기 때문에 생겨나는 것이다.

아름다운 사람을 보고 여러 가지 상상을 하면서 마음이 흔들린다, 지위나 명예에 열중한다, 돈에 집착을 가진다, 자신의 행복만을 원한다, 남을 중상모략 한다, 불평불만을 한다, 뽐내는 마음이 생긴다. 등 이러한 상념의 움직임이나 행위는 모두 육근에서 생겨나는 것이며, 이럴 때 마음의 상념대想念帶라는 부분에 검은 스모그가 끼게 된다.

인간의 의식은 표면의식과 잠재의식으로 성립되는데 이 양자 사이에 상념대라는 층이 있다. 이 층에는 그 사람의 과거, 현재에 이르는 상념과 행위의 일체가 천연색으로 녹화 기록되어 있다. 따라서 이 층에는 남을 도운 선행이며 남을 미워한 악행이 하나도 빠짐없이 기록되어 있으며, 또 앞으로도 기록되어 가는 것이다.

인간은 보통 오관과 표면의식, 상념대, 이 세 가지의 육체적·정신적 작용에 의해서 생활하고 있으며, 잠재의식의 작용은 거의 없는 상태이다.

육감, 첫인상, 예감, 직감 같은 정신작용은 잠재의식의 수호령守護靈의 작용에 의한 것이며, 그런 일은 늘 있는 것이 아니다. 그렇기 때문에 인간은 육근을 근본으로 삼아 일상생활을 하게 마련이다. 상념대라는 층은 원래는 없었는데, 인간이 전생윤회轉生輪廻를 거듭하면서 저마다 상념대라는 층을 만들어 개성과 능력, 운명 등을 축적하게 된 것이다. 그래서 상념대에는 좋은 일과 나쁜 일을 가릴 것 없이 전부 기록되며, 나쁜 부분이 많으면 그 사람의 운명도 나쁜 방향으로 나아간다.

좋은 일이 많으면 비교적 순조로운 인생을 보낸다고도 볼 수 있다. 물론 영혼의 향상이라는 관점에서 보면, 순조로운 인생을 보낸다는 것이 반드시 좋은 일이라고는 할 수 없다. 따라서 일률적으로 나쁜 부분이 많으니까 불행해지고, 좋은 부분이 많으니까 행복해진다고 할 수 없는 일이다.

다만 한마디로 말씀드릴 수 있는 것은 이와 같은 틀에 의해서 인간의 행복과 불행이 결정되고 있다는 사실이다. 인간의 의식이 표면의식과 상념대의 작용만으로 활동하게 된 것도 따져보면 인간 자신의 자업자득自業自得의 결과라고 말할 수 있다.

2억 년 전의 인류는 낙원을 이룩하는 것이 목적이었지만 현대의 인류는 무엇보다도 먼저 상념대에 기록된 온갖 카르마, 원죄를 수정하는 일이 급선무가 되었다. 카르마의 수정이란 내 자신의 의식을 먼저 낙원으로 만든 후 인간과의 조화, 자연과의 조화를 도모하는 것을 말한다. 결점·단점도 카르마라고 할 수 있다.

2억 년 전의 인류는 동물들에 의해서 황폐한 지상을 인류가 살기 좋도록 조화를 이루어 가면 그만이었지만,

현대는 그 이전에 자기 자신의 조화부터 먼저 이루어야
하는 것이다.

　육근을 청정淸淨하게 함으로써, 상념대의 막이 열리고
표면의식과 잠재의식이 상통하게 되면 진성眞性, 즉 인간
본래의 모습으로 돌아가는 것이다. 만약 마가 침입하여
인간의 의식을 점령하게 되면, 그 사람의 운명은
급변하여 상식으로는 생각조차 할 수 없는 일들이 벌어
진다.

　살인이나 강욕强欲, 대담무쌍 등의 정신 이상을
일으킨다. 그런 증세는 육근에 사로잡혀 집착이
강력해졌을 때 저승의 마왕魔王이 빙의했기 때문에
일어난 현상이다. 집착의 정도에 따라 동물령動物靈이나
지옥령地獄靈이 빙의하여 인격의 돌연 변화가 일어나는
것이다.

　평소에는 얌전한 사람이 술을 마시면 싸움을 한다거나,
여자를 보면 자제력을 잃어버린다거나, 백화점에 가면
물건을 훔치고 싶은 충동이 일어나는 등 때와 장소에
따라 정신 이상이 일어나게 된다. 운명이 급속도로
변하는 이유도 거기에 있다.

　보통은 그렇게 심한 경우까지 가지 않지만 육근에

좌우되면서 생활하고 있는 것은 사실이다. 대개 분수를 알고 절도節度를 지키면서 생활하고 있기 때문에 빙의되는 일은 거의 없다.

빙의憑依는 절도節度와 이성력理性力을 상실했을 때 일어나는 현상이다. 사람의 허점을 찌르거나 자신을 돋보이게 하려는 생각, 자기과신, 박사병, 자폐증, 자기혐오, 인간혐오 등이 강해져도 위험하다.

육근에 사로잡히지 않는 자신을 확립하기 위해서는 육근의 조화를 이루는 방법밖에 없다. 육근의 조화는 반성反省하는 생활을 할 때 이루어진다. 반성의 생활이란 표면의식과 잠재의식의 상통을 말한다.

반성의 사고思考는 표면의식이 잠재의식으로 통하는 것이므로, 반성에 의해서 자기 자신의 상념과 행위의 잘잘못을 바르게 볼 수 있다. 만일 어떤 일을 실패했다면 어떻게 해서 실패했는지를 올바르게 분석한 후, 두 번 다시 그와 같은 실패를 되풀이하지 않는다면 그 일은 성공한 것이다.

오늘날 과학의 성공은 실패에 대한 올바른 분석평가의 결과이다. 인간의 정신과 건강 문제나 운명에 대해서도 원인이 있기 때문에 결과가 있는 것이다.

반성은 그와 같은 문제들을 풀기 위해 인간에게 부여된 유일한 사고작용思考作用이다. 반성이야말로 인간의 생활 향상을 위한 위대한 발걸음이며, 신神의 자비이다.

반성은 행위를 통해 그 효력이 나타나므로 반성은 곧 행위라고 할 수 있다. 반성의 생활을 할 때 육근과 인간의 영혼이 더욱 정화되어 간다.

반성의 공덕을 살펴보면 다음과 같다.

첫째, 표면의식이 잠재의식의 문을 여는 열쇠를 쥐고 있다. 둘째, 반성은 표면의식과 잠재의식이 상통하는 다리 역할을 한다. 셋째, 반성은 과거세過去世에서 배운 것을 표면의식이 확인할 수 있는 유일한 기회이다. 넷째, 반성은 신神이 인간에게 영혼의 향상을 위해서 부여한 자비요 사랑이며, 인간으로서의 기쁨을 누릴 수 있는 최상의 방법이며, 지혜의 샘이다.

반성이 마음의 평화와 지혜의 샘이라는 데에는 이유가 있다. 인간 각자의 의식 속에는 자기를 보호하는 수호령守護靈·지도령指導靈이 존재하고 있어서 그가 구하는 질과 양에 정비례한 여러 가지 지혜를 주기 때문이다. 또한 반성은 자신을 바로잡아 보는 의식의 전환작용轉換作用이다. 자신을 바로잡아 본다는 것은

자신을 객관적으로 보는 것을 말하며, 거기에는
자아自我란 있을 수 없다. 자신의 좋은 면과 나쁜 면이
드러날 뿐이다. 드러난 장점과 단점의 취사선택은
저절로 자명해진다.

　여기서 중요한 것은 자신을 객관적으로 보는 것인데
그렇게 되었다는 것은 수호령·지도령이 자신을 보고
있다는 사실을 뜻한다.

　진짜의 자신[眞我]이 가짜의 자신[僞我]를 보고 있는
셈이다. 이윽고 가짜가 사라지고 진짜만이 되었을 때,
그는 수호령·지도령과 일체가 된 것이므로 이때야말로
깨달음의 첫걸음을 내디딘 셈이 되는 것이다. 그래서
깨달음의 단계가 나아가면 관자재심觀自在心이라는
자유의 마음을 얻어, 생사를 초월한 대오大悟를 획득하게
된다. 이때 인간은 진아眞我의 자신을 발견하게 된다.
진아야말로 신의 자녀이며, 신은 바로 자신이다. 우주
즉 나宇宙卽我야말로 진아의 자기 자신이다.

　여기서 인간의 생명, 의식의 그룹에 대해서
언급하기로 한다. 인간은 결코 고독한 존재가 아니다.
모든 인간은 본체本體를 중심으로 다섯 명의 분신分身으로
이루어졌다.

그것은 마치 핵과 음외전자로 구성된 물질의 구조와 흡사하다. 만일 음외전자가 없고 핵만이 있다면 그 핵은 붕괴한다. 물질이 물질로서의 생명을 유지하기 위해서는 핵과 음외전자의 상호의존 관계가 있어야 한다.

인간의 경우는 본체가 1, 분신이 5로 갈라져 있다. 여기에는 다음과 같은 이유가 있다.

대우주大宇宙는 빛(光=신의 의식)으로 충만하여 빛에는 열과 에너지가 수반한다. 열은 전기를 낳고 전기는 자기磁氣를, 자력磁力은 중력重力을 낳는다. 대우주가 대우주로서의 생명을 영위해 갈 수 있는 것도 대우주라는 본체와 빛, 열, 전기, 자기, 중력이라는 다섯 가지의 에너지가 상호작용하고 있기 때문에 가능한 것이다.

인간을 가리켜 소우주小宇宙라고 한다. 우리는 흔히 인간은 신의 모습과 같이 만들어졌다고 말하는데, 그 말은 인간이 대우주의 조직과 똑같이 만들어졌다는 것을 뜻한다. 이와 같이 인간은 동일 생명 그룹의 여섯 명이 본체[核]를 중심으로 다섯 분신分身=陰外電子으로 구성되어 있으며, 한 사람씩 교대로 이 세상에 태어나서 수행하는 것이다. 한 사람이 이 세상에 태어나 살아가는 동안에 나머지 다섯은 저 세상에 남아서 생활하고 있다.
저 세상의 다섯 중 한 사람이 수호령의 임무를 맡아
이 세상에 나와 있는 사람을 지키고 있는 것이다.

　지도령指導靈의 역할은 같은 생명 그룹에 관계가 있는
선배 혹은 친구가 담당한다. 영혼이 높은 단계로
진보할수록 수호령이 지도령으로 바뀌기도 하고
지도령이 수호령으로 되기도 한다. 이렇게 수호령과
지도령은 동일한 생명 그룹, 혹은 여기에 관련된 그룹의
한 사람이 담당하여 이 세상에서 수행하고 있는 사람을
수호, 지도한다.

　이 때문에 수호령과 지도령은 이 세상에서 수행하고
있는 사람의 잠재의식의 영역에 들어가서 그 사람을
지키고 지도하게 된다. 10%의 표면의식으로 반성할
때에는 90%의 잠재의식에 있는 수호령, 지도령이 그
사람의 육체에 들어가서 반성의 정도에 따라 가르친다.

　가령 사람에게 화를 냈다거나 마음속에 분노의 상념을
품었다고 하자. 이때 그가 곧바로 반성을 해서 ‘이래서는
안 된다, 사람을 미워하거나 화를 내는 것은 다툼의 씨를
자신의 마음속에 심을 뿐만 아니라, 상대방의 반발심을
부채질하는 것이 되니 다시는 화를 내지 않겠다.’고

생각했다고 하자. 그럴 경우에는 수호령이 그 사람의
육체에 파장을 보내어 마치 그가 스스로 생각한 것처럼
느끼도록 해서 그를 올바르게 지도해 가는 것이다.

　반성의 깊이가 더욱 충실해져서 '노여움이나 미움
등의 상념이 결국 자신을 지키고 옹호하겠다는
자기보존의 표현과 다르지 않으며, 자기우선自己優先,
보신保身의 감정이며, 자신과 타인을 구별 지어 생각하는
마음에 그 원인이 있으니까 그런 마음은 깨끗이 없애야
한다.' 는 생각이 문득 들었을 때는 수호령, 지도령이
그의 의식에 직접 작용했기 때문이다.

　일념삼천一念三千이라는 말도 있듯이 인간의 상념
(마음이라고 불리는 인간의 의식층)은 환경의 변화, 그때그때의
기분에 따라 시시각각으로 변한다. 이 변화무쌍한
상념을 반성이라는 브레이크, 즉 자신을 되돌아보는
마음의 여유, 정조情操로 관심 있게 다스려간다면 수호령,
지도령은 한결 쉽게 그 사람을 지도하여 마음을
조화시킬 수가 있다. 그래서 마침내 10%의 표면의식과
90%의 잠재의식이 일체가 되어 진정한 깨달음을 얻게
되는 것이다. 그렇다고 반성에만 빠져있는 것도
문제이다. 하루 종일 반성만을 되풀이하고 있다면

일상생활을 소홀히 하고 마음이 조그마한 인간이 되고
말 것이다. 그러니 반성도 초점을 맞추어서 해야 하며
너무 미세한 일에 사로잡히지 말아야 할 것이다.

　인간은 신이 될 수는 없다. 깨달음에도 단계가 있어서,
그 단계를 한 발자국 한 발자국 땅을 밟고 걸어가야 한다.
그 길에서 육근에 사로잡힌 자신과 만나게 될 것이다.
육근이라는 번뇌를 잘 살펴보고 조화시켜 나감으로써
하나씩 깨닫는 가운데 마침내 큰 깨달음大悟에 이르는
것이다.

# 번뇌와 깨달음

번뇌라는 반성의 재료를 통해서 인간은 번뇌 즉 보리의 경지에 도달할 수 있다. 만일 번뇌가 없다면 깨달음도 없고, 영혼의 진보도 없을 것이다. 영혼의 진보란 집착심이 없는 절대 자유, 평화, 마음의 풍족함을 의미한다.

번뇌란 부자유를 말한다. 집착심으로 자신의 마음을 묶으면 노여움, 불평불만, 미움, 질투 등이 생겨난다. 그런 마음으로 일상생활을 하면 결국 건강까지 해치게 된다. 그러나 그러한 괴로움, 슬픔이 없다면 괴로움, 슬픔의 쓴맛도 모를 것이다. 괴로움, 슬픔, 아픔의 쓴맛은 고통을 겪음으로써 비로소 알게 되는 것이기 때문에 꼭 필요한 것이다.

건강할 때에는 건강의 고마움을 모르고 지내다가 막상 병에 걸리면 그때서야 건강이 얼마나 소중하고 고마운 것인지, 또 건강 자체가 기쁨이라는 것을 알게 된다. 악이 있기 때문에 선이 좋다는 것을 알 수 있듯이 악 또한 선이 없으면 악이 더럽고 나쁘다는 것을 판단하기가 힘이 든다.

번뇌와 반성, 보리는 인간이 이 지상에서 생활하는데 없어서는 안 될 소중한 것으로, 서로 상호 작용하는 틀로 짜여 있는 것이다.

# 여덟 가지의 바른길

　불경에 고집멸도苦集滅道라는 말이 있다. 고苦는 인생의
온갖 괴로움을 말하고, 집集은 그 괴로움의 원인을
말하며, 멸滅은 그 원인을 없앤다는 뜻이고, 도道는 그
없애는 방법을 말한다. 그 방법은 여덟 가지 바른길을
일상생활에서 실천하는 것이다.

　태양의 열과 빛은 일정한 온도를 유지하면서 지상에
방출되고 있다. 물과 공기도 일정한 양을 유지하면서
줄지도 불어나지도 않는다. 지구의 운동도 일정한
리듬을 유지하면서 자전과 공전을 하고 있다.

　대자연계는 어느 것 하나 조화를 흩트리지 않고 항상

균형을 유지하면서 안정되어 있다.

대자연계는 이와 같이 중도라는 가장 안정된 축을 중심
삼아 서로 조화를 이루어 공존하고 있다. 중도의 정신은
만물을 살리는 조화의 마음이며, 조화는 사랑과 자비가
그 근본을 이루고 있다.

사랑과 자비의 마음이 될 때 우리들은 비로소 대자연의
중도와 합치될 수 있으며, 평화로운 낙원생활을 누릴 수
있게 된다. 그런데 인간은 선택과 창조의 자유를
부여받아 육체를 지녔기 때문에 한쪽으로 기울어지는
경향이 있어서 오늘날 인류사회는 온갖 주의와 사상이
난무하여 투쟁과 파괴가 그칠 날이 없다.

여덟 가지 바른길은 인간 생활에 있어서 취해야 할
으뜸의 기준이고 대자연의 마음과 합일되기 위한
규범이며, 천국에 이르는 가교이다.

좌에도 우에도 기울어지지 않는 중도에의 길, 즉
신성神性에의 길, 바른 깨달음에 이르는 길이다. 반성의
척도인 여덟 가지 바른길을 실천하기 위해서는 그
하나하나의 목적을 이해하고 그에 따른 노력과 용기,
지혜가 필요하다.

## 1. 바르게 본다

사물을 올바르게 보기 위해서는 우선 자기 개인의 입장을 버리고 제삼자의 입장에서 사물을 볼 줄 알아야 한다. 우리들은 보통 남의 문제에 대해서는 비교적 정확한 판단을 내리지만, 자신의 문제이고 더욱이 이해관계가 얽히게 되면 시비의 판단이 흐려져 이따금 후회스러운 결과를 빚기도 한다. 자신의 문제가 되면 어느새 자기보존自己保存의 마음이 작용하여 아욕에 사로잡히기 때문이다.

올바른 관찰, 올바른 판단은 자신을 버리고 제삼자의 입장, 즉 객관적인 입장에서 사물을 냉철하게 보는 데에서 나올 수 있다. 그리고 이러한 견해는 마음의 내면까지 파고 들어가 지금까지 옳다고 여겼던 일이 전혀 반대인 경우도 알게 된다. 현상의 겉모양만을 보고 판단을 내리면 틀리는 경우가 많다. 현상 뒤에 숨은 원인을 찾아내고 그 원인을 제거하는 노력이 필요하다. 원인을 찾아내기 위해서는 객관적 입장에서 반성을 해야 한다. 반성을 통해 찾아낸 원인은 없애야 한다.

올바르게 보는 힘은 올바른 견해를 낳는다. 그렇게 되면 이 세상의 어지러운 움직임에 마음이 흔들리지 않고 언제나 마음의 평화를 유지할 수 있다. 이 세상에 일어난, 그리고 일어나고 있는 모든 일들은 반드시 원인이 있다. 모든 것은 그 원인의 결과로서 나타나는 것인 만큼 바르게 보는 실력이 갖추어짐에 따라 현상의 뒤에 숨은 원인을 찾기가 쉬워진다.

바르게 본다는 것은 이러한 마음의 눈을 길러감으로써 향상되고 정확해지며, 마침내 신의 마음에까지 닿게 되는 것이다. 바르게 본다는 것은 여덟 가지의 바른길의 가장 기본이 되는 것으로 사물의 정확한 판단과 올바른 견해를 얻는 데 목적이 있다.

바르게 보기 위해서는 다음과 같은 네 가지의 자세가 필요하다.

첫째, 감사하는 마음을 가져야 한다. 둘째, 모든 사물의 원인은 인간의 상념에 있으며, 물질적 이 세상은 상념의 결과라는 것을 먼저 이해해야 한다. 셋째, 기성관념을 백지화하고 사물의 진실을 파악해야 한다.
넷째, 정견正見의 반대는 사견私見이며, 사견은 사심私心에 의해서 생기는 것이므로, 사심을 버리고 항상 선의의 제삼자의 입장에서 사물을 보아야 한다.

## 2. 바르게 생각한다

보고 듣고 말하는 행위 가운데에는 중도를 중심으로 한 올바른 생각이 있어야 한다.

자기중심의 생각은 자신을 망친다. 모든 것은 상호작용하며 순환의 법칙에 따르고 있으므로 자기보존의 상념은 결국 자기 자신에게 돌아오기 때문이다. '제 꾀에 제가 넘어진다' '남의 눈에 눈물 내면 내 눈에 피눈물 난다' 등의 속담 그대로이다.

생각한다는 것은 바로 창조행위이기 때문에 자신의 운명을 좋게 하려면 우선 생각을 올바르게 가지지 않으면 안 된다. 생각은 행동의 전제이지만, 행동 그 자체와 다르지 않다는 사실을 알아야 한다. 마음으로 간음한 것은 행동으로 간음한 것 이상으로 죄악시하는 것이 진리眞理이다.

정사正思도 정견正見과 마찬가지로 제삼자의 입장에서 생각해야 한다. 상대방의 입장, 상대방의 행복을 비는 조화를 목적으로 한 사념思念이 중요한다.

여덟 가지 바른길〔正道〕의 목적은 '마음의 평화'이며, 마음이 늘 어둡고 불안하면 아무 일도 안 된다. 올바른 생각은 사랑과 자비에서 비롯된다. 이외의 생각은 모두

자아에서 나온다. 사랑과 자비의 생각은 천상계로
통하고 미움과 노여움의 생각은 지옥계로 통한다.

질병이나 재난과 같은 불행의 원인은 올바르게
생각하지 않는 자기본위에 마음이 흔들렸기 때문이다.
여기서 한 가지 중요한 것은 인내(참는 것)와 인욕忍辱을
구별해서 생활해야 한다는 점이다.

인내(참는 것)는 고통, 슬픔, 노여움, 미움 등의 감정을
마음속 깊이 새겨 두는 것을 의미한다. 나 혼자만 참으면
집안이 평온할 테니 내가 참는다고 생각하는 '참음'은
독이 되고, 질병과 불행의 원인이 된다. 한편, 인욕은
견디고 참는다는 뜻에서 인내와 비슷하긴 하지만 고통,
슬픔, 노여움, 미움 등을 마음속 깊이 새겨 두지 않는
것을 말한다. 만약 말을 해도 통하지 않을 때에는
상대방의 마음에 평안과 조화가 깃들기를 신에게
빌어주는 넓고 큰마음을 가져야 한다. 이러한 인욕을
익혀서 독을 삼키는 일은 하지 말아야 한다. 생각하는
것은 만물의 시초이다. 모든 현상은 생각으로부터
시작되므로 남을 살리는 사랑의 생각, 중도의 생각이
이 정사正思의 밑바탕이 된다. 선한 생각을 하면 선善이
돌아오고, 악한 생각을 하면 악惡이 돌아온다. 생각은

창조하는 행위이다. 남을 살리고 상부상조하는 생각이
자신을 조화시키고 다른 사람들과의 조화를 이루게 하는
근본이다. 바르게 생각한다는 것은 여덟 가지의 바른길
중에서 가장 중요한 부분이다.

### 3. 바르게 말한다

말은 살아있는 영파靈波로서 상대방에게 전달된다. 한
번 내뱉은 말은 상대방의 귀로 들어가면 조화나 부조화
중 어느 한 가지 현상을 불러일으킨다.

지나치게 알랑거리는 말과 불손한 말은 다른 사람의
마음을 상하게 한다. 자기의 뜻을 올바르게 전달하기
위해서는 말은 적어도 안 되며 많아도 좋지 않다.
무엇보다 상대편의 마음이 되어 대화하는 것이
중요하다.

흔히 거리에서 사람들끼리 서로 고함지르며 다투는
것을 볼 수 있다. 설사 상대방이 고함을 질러도 반발하지
말아야 한다. 자신의 생각이 백 번 옳다는 판단이
서더라도 반발을 해서는 안 된다. 반발심은
자기보존이며, 자기중심의 생각이다. 그런 상황일수록
올바르게 대화하지 않으면 안 된다. 다툼은 부조화의

원인을 만들기 때문이다. 상대가 화를 내도 마음에
동요를 일으켜서는 안 된다. 선악을 잘 판단하고 그 위에
마음을 조화시켜야 한다. 화를 냈을 때 발산하는 나쁜
마음의 파장은 결국 화낸 사람에게 돌아간다. 그것을
순환의 법칙이라고 한다.

　'말한다' 는 것은 나와 상대의 뜻이 교류한다는 것을
의미한다. 부드러운 말에서 받는 느낌과 거친 말에서
받는 느낌은 크게 다르다. 주고받는 느낌이 좋은
부드러운 대화 가운데서 조화가 이루어진다. 어떠한
비방이나 험담, 노여움에도 마음이 흔들려서는 안 되며,
한쪽 귀로 듣고 한쪽 귀로 흘려버려야 한다. 그리고 왜
그런 말을 듣게 되었는가 반성하지 않으면 안 된다. 만일
그런 억울한 말을 들을 만한 원인이 없을 때에는 그를
위해 '신이시여, 부디 저 분의 마음에 평안을 주소서'
라고 기도해 주어야 한다. 이런 마음이 바로
보살심菩薩心·대천사의 표현이며, 정어의 핵심이다.

　생각하는 것은 말이 된다. 사랑의 생각은 사랑의 말이
된다. 바르게 말한다는 것은 사랑의 말을 말한다. 마음에
사랑이 있으면 말로 표현하기 전에 그 마음이 상대에게
전달된다.

## 4. 바르게 일한다

이 세상의 모든 생물은 일을 하도록 틀이 짜여 있다.
동물, 식물, 광물도 다른 생명체를 위해서 자신의 몸을
제공한다. 사람도 남녀노소를 막론하고 예외가 아니다.
유아는 젖을 빨고 자는 것이 일이지만, 언젠가는 어른이
되어 다음 세대를 짊어지고 큰일을 하게 된다. 학생은
학교에서 공부를 하고, 사회인은 사회를 위해서 일한다.
주부는 가정에서 아이들을 돌보며 남편의 일이 잘
되도록 편안한 보금자리를 꾸민다.

일하는 것은 인간으로서의 의무이다. 직업을 가지고
일하는 것은 남이 필요로 하는 것을 제공한다는 것을
의미한다. 직업이 없는 사람, 일할 필요가 없는 사람이란
있을 수 없다.

오늘날은 저마다 분업에 종사하면서 자기의 생계를
이어 가는 동시에 남을 돕고 있다. 따라서 일한다는 것은
남에게 도움을 주는 것이기 때문에 사랑의 행위가 된다.

일을 하고 직업을 가진다는 것이 사랑의 행위임에도
불구하고 사회가 이렇게 혼란한 것은, 일을 단순히
돈벌이의 수단으로 생각하여 나만 좋으면 그 뿐이라는
사고방식에 그 원인이 있다.

바르게 일한다는 것은 이 세상의 조화에 이바지하는
행위이며, 그 기초는 사랑과 봉사의 마음이다.

오늘날의 기업은 노사의 대립이 심각하여 투쟁과
반목이 그칠 날이 없다. 경제의 합리화는 분배의 공평에
있기 때문에 서로의 입장을 헤아려 존중하는 마음을
가지고 대화로 풀어야 한다. 인간은 경제의 노예가
아니다. 저마다 맡은 바 직업을 통해서 영혼을 닦아야
한다는 사실을 명심해야 한다. 인간은 모두 형제이며
친구이다.

정업正業은 영혼의 수행을 위해 꼭 필요한 것이다. 또한
다른 사람들과 조화를 이루게 해주며, 다른 사람들을
도와 줄 수 있다. 마지막으로 조화의 기초는 감사의
마음과 봉사의 행위이다.


## 5. 바르게 생활한다

올바른 생활을 하기 위해서는 우선 자기 자신의
카르마(결점)를 수정해야 한다. 카르마는 성격상의
단점으로 나타난다. 그 단점은 자신뿐만 아니라
남에게도 좋은 결과를 주지 못한다. 성냄, 불평불만,
우유부단, 독선, 욕심, 뽐냄, 시기질투, 모함, 험담, 배타,

오만, 자기과시, 자폐, 증오, 나태 등 이러한 성격은
자신을 고립시키고, 나아가 자신의 운명을 불행하게
한다.

　올바른 생활은 먼저 자신의 단점을 장점으로 바꾸는 데
있다. 장점이란 밝고 성실하며, 정직하고 친절하며, 다른
사람을 도와주고 서로 협력하여 조화를 이루어 가는
성격을 말한다. 사람은 원래 이러한 성격을 천성으로
가지고 있는데 환경, 교육, 사상, 습관, 그리고 오관에
사로잡혀 여러 가지 업을 짓고 만다. 업이 몸에 붙으면
업 자체가 순환(윤회)을 하기 때문에 불만스러운 일에
부딪치면 자신도 모르는 사이에 버럭 화를 내고 만다.
흔히 '알고 있는데 되지 않는다.' 라고 말하는 것이
카르마의 힘이다.

　우리가 가지고 있는 결점의 3분의 2는 금세의 것이고,
나머지 3분의 1이 과거세의 업이다. 과거세의 업이 있기
때문에 반성을 해도 좀처럼 그 원인을 붙잡기 힘든
것이다. 금세의 업은 과거세의 업에 영향을 받아
작용하고 있다. 금세의 업을 수정할 때 과거세의 업도
수정이 가능하다. 업(카르마), 즉 원죄는 육체오관에 따른
육근, 미혹迷惑, 번뇌煩惱에서 오는 것이므로 우선 육근을

청정하게 하는 반성을 해야 한다. 반성하는 생활을 할 때
자신의 카르마를 수정할 수 있다.

바른 생활의 목적은 정신적, 육체적인 조화를 이루기
위한 것이다. 그러기 위해서는 자신의 장점과 단점을
잘 살펴서 카르마가 되게 한 여러 가지 자기보존의
상념을 바로 잡아야 한다.


## 6. 바르게 노력한다

정진正進의 첫째 목적은 인간관계의 조화에 있다.
사람은 혼자 힘으로는 태어날 수도 없고, 또 살아갈 수도
없다. 반드시 부모와 형제, 자매, 부부, 이웃, 친구,
선후배 등 대인관계 속에서 생활하게 된다. 이러한 인간
관계를 통해서 자신의 마음을 닦고 상대를 존중하는
마음이 길러지는 것이다.

오늘날과 같은 물질 만능주의 사회에서는 부모 자식
사이가 남이 되고, 부부 사이는 향락의 대상으로
생각하고, 친구는 이익을 위한 수단에 지나지 않는다고
생각하는 사람이 늘고 있다. 자신을 제외한 모든 사람이
남이 되는 것이다. 무서운 일이 아닐 수 없다.

부부의 관계는 서로 부족한 부분을 채워주며

가정이라는 천국을 창조하여 자손을 키워 나가야 하며,
부모자식의 관계는 과거세의 인연과 약속에 의해서
맺어진 사이인 만큼 부모는 자식을 돌보고 자식은
부모에게 효도하는 것이 마땅한 도리이다.

　형제는 영혼의 향상을 위해서 서로
절차탁마切磋琢磨하는 사이이며, 친구나 선·후배는
사회생활을 하는데 좋은 협력자라고 볼 수 있다. 이러한
조화로운 인간관계를 이루기 위해서는 사랑의
마음이라는 기둥이 필요하다. 사랑이야말로 조화의
모습이며, 이 지상의 빛이다.

　정진正進의 두 번째 목적은 인간사회가 오랫동안
유지될 수 있도록 동물, 식물, 광물의 자연 자원을
정비하고 활용하는 일이다. 우리는 동물, 식물, 광물이
없으면 살 수 없다. 그렇기 때문에 산림을 보호하고,
수렵을 금지하고, 자연을 보호하는 것이 중요한 것이다.
자연 자원을 순환의 법칙에 맞게 소중하게 가꾸어야
하며 자연의 중요성이 여기에 있다.

　우리는 인간관계를 비롯하여 자연 자원과의
관계에서도 항상 '복수'라는 관계 속에 있다는 사실을
명심해야 한다. 이 복수라는 사회환경, 자연환경 속에서

다른 사람을 이롭게 하고, 상부상조해 나가는 것이며 일상생활 속에서도 근검절약하고 검소한 생활을 하는 것이 바로 올바르게 노력하는 길이 되는 것이다.

이렇듯 정진의 목적은 인간관계의 조화와 자연환경과의 조화에 있다.


## 7. 바르게 염원한다

정념正念의 반대는 사념邪念이다. 사념이란 자기 입장만 생각하는 자기중심의 상념이며, 욕심의 상념이다. 욕심의 상념이 강하면 강할수록 이 세상은 혼란해진다. 만족할 줄 모르는 욕심은 서로 융화될 수 없는 에고Ego가 되며, 에고는 자기본위의 자아이기 때문에 서로 협조하여 조화를 이루는 것이 매우 어렵다.

염念의 방향이 자기중심일수록 번뇌는 많아지고, 마음속에 업을 짓게 된다. 마음의 업이 많아지면 진실과 허위의 구별이 불가능해져서 이 세상은 말법末法이 된다. 생각하는 것은 염에 의해서 행동으로 바로 나타난다. 가령 대학에 진학할 경우를 보자. A대학은 경쟁률이 높으니까 B대학과 C대학을 두고 망설이게 된다. 이 단계에서는 마음속으로 생각한 것일 뿐 행동으로

나타나지 않은 상태이다. 그러나 고민 끝에 B대학으로
결정했다고 하면 그 학생은 B대학을 목표로 공부를
할 것이다. 마음속으로 생각하고 결심한 후에는 바로
시험공부라는 행위가 시작된다.

염의 작용은 B대학으로 결정했다는 의지의 결정이다.
즉 염이라는 것은 어떻게 하겠다, 어떻게 되고 싶다와
같은 목적의식이고, 의지의 결정이며 동시에 행위가
된다. 염에 의해서 마음속에 생각하는 창조행위를
구상화하고 있는 것이다. 한 번 발사된 염파念波는 일초
동안에 지구를 일곱 바퀴 반이나 돌아서 다시 자기
자신에게로 돌아온다. 이는 빛보다 더 빠른 속도이다.
이것은 순환(윤회)을 의미한다. 착한 염원은 선념이 되어
돌아오고 악한 염원은 악념이 되어 발신자에게
돌아온다.

정사正思와 정념正念은 창조의 근원이며, 일을 할 수
있는 에너지이기 때문에 이것을 바르게 하는 것이야말로
중요한 일이다. 사람의 행복과 불행은 마음속으로
생각하는 것思, 염念하는 것에 의해서 결정된다. 올바른
신념 이상으로 인생을 성공으로 인도하는 묘약은 없다.
염은 에너지이며, 사물을 만들어내고 이 세상의 모든

것의 원인이다. 또한 염은 목적의식이므로 행위를
의미한다. 다른 사람을 살리는 사랑과 자비의 염이 아닌
것은 모두 카르마의 온상이 된다. 정념은 사념邪念과
비교해서 생각하면 그 뜻이 더욱 명확해진다.

## 8. 바르게 반성한다

우리들은 자기반성을 통해서 사물의 도리를 이해하고,
같은 잘못을 되풀이하는 어리석음에서 벗어날 수가
있다. 반성이야말로 신이 인간에게 부여한 자비이며,
사랑의 능력이라고 할 수 있다. 동물들은 본능과 감정은
있지만, 반성이라는 이성의 능력, 지성의 작용은 없다.

반성은 바르게 본다, 바르게 생각한다, 바르게 말한다,
바르게 일한다, 바르게 생활한다, 바르게 노력한다,
바르게 염원한다의 일곱 가지 규범에 따라 실천해야
한다. 이 중도의 척도에 비추어 하루 동안 올바르게
보고, 바르게 생각하고, 바르게 말하고 들으며, 바르게
일하고, 바르게 생활하고, 친구를 소중히 여겼는지,
올바르게 염원했는지 등을 매일 반성해야 한다.

'개성'과 '업'은 비슷하게 보이지만 서로 다르다. ´
사람마다 개성과 업이 있어 일상생활에 큰 영향을

미치고 있으므로, 우선 개성과 업의 차이점을 찾아내는 노력을 해야 한다. 그러기 위해서는 한 살에서 열 살, 열 살에서 스무 살, 스무 살에서 서른 살… 이와 같이 연대별로 자기 자신을 반성해야 한다. 반성을 통해서만 자신의 업이 어떤 것이며, 전체 속에서의 자신의 위치, 자신의 역할이 분명하게 드러난다. 개성은 사람 각자가 가지고 있는 특성과 기질에서 발생하는 인격과 역할 등을 말한다.

연대별로 반성해보면 저마다의 성격이 대체로 세 살에서 열 살 사이에 거의 형성되었다는 것을 알 수 있다. 가령 조급한 성격 때문에 다른 사람의 마음을 힘들게 하거나 대인관계, 거래관계, 가족관계 등에 있어서도 문제를 일으키고 성공할 기회를 놓치는 경우가 일어났다고 한다면, 그 조급한 성격은 대체로 세 살에서 열 살 사이에 형성된다.

막내로 태어나서 부모님과 친척들의 과잉보호와 편애를 받게 되면, 자기도 모르는 사이에 응석이 몸에 배게 된다. 자기의 주장이 가정에서는 무사통과되지만, 성인이 되어 사회에 나가면 사정이 달라진다.

자기주장이나 희망이 꺾이게 되면 마음은 곧 평온을

잃게 된다. 어릴 때 몸에 밴 응석은 처음 가정에서
폭발하여 고함을 지르거나 부부싸움으로 번지게도 한다.
울적한 기분은 대인관계, 사업상의 거래관계에도 영향을
미치게 된다. 자신의 마음대로 되지 않을 때 일어나는
조급한 성격은 어릴 때 응석받이로 자란 가정환경에
큰 원인이 있었던 것이다. 물론 사람에 따라서는 조급한
성격이 20~30대에 형성되는 경우도 있다. 일찍이
부모를 잃거나 가정환경이 좋지 않아서 어릴 때 고생을
많이 한 사람이 20~30대에 성공해서 하는 일마다
뜻대로 이루어지게 되면 다른 사람이 일하는 모습이
굼벵이처럼 보여 버럭 화를 내게 된다.

　어릴 때 고생을 많이 한 중소기업 사장들 중에서 이런
유형을 많이 볼 수 있다. 눈에 보이는 원인은 20~30대에
있지만, 그것 역시 반성해보면 어릴 때 몸에 밴 고생
때문에 사람을 미워하고, 시기 질투하며, 남을 원망하고
한탄하던 마음이 아로새겨져 성인이 되어서 자신도
모르게 성급한 화로 변형되어 불쑥 나타나게 되는
것이다. 고생 끝에 성공한 사람은 남을 믿지 않는 경우가
많다. 가정의 애정이 부족하기 때문에 고독을 많이
느끼고, 자신의 의견을 밀어붙이거나 화를 내는 조급한

성격이 되기 쉬운 것이다. 지금까지 조급한 성격과 그 원인에 대해 살펴보았다. 사람마다 그 원인이 다르겠지만 연대별로 훑어보면 대개 어릴 때 형성되어 성인이 되어감에 따라 여러 가지 갈래로 가지를 뻗게 된다.

업(카르마)이라는 것은 자신에게 뿐만 아니라 남에게도 플러스가 되는 경우가 드물어서, 대게 그 사람의 결점, 단점의 모습으로 나타나게 된다. 업은 원래 집착의 상념이다. 살아가면서 업은 가정과 환경, 교육, 습관, 친구 등의 영향을 받아 형성되어 간다.

음식물 하나만 보아도 업이 되고, 그 사람의 성격을 형성해 나간다는 것을 알 수 있다. 가령 육식은 혈액을 산성화시키고 수명을 단축시키는 원인을 만든다고 자기의 생각을 내세우며 식물성 식사만을 고집한다고 하면 사람을 대하는 마음, 세상을 보는 시각, 사물의 가치를 판단할 때 자신도 모르게 편견을 가지게 된다. 이것은 좋고, 이것은 나쁘다는 식으로 사물을 간단하게 이분법하여 단정 짓고 만다. 좋고 나쁨의 판단은 중요한 일이지만, 그 판단의 잣대가 자신만의 얕은 경험이 토대가 될 경우에는 자신에게만 해당될 뿐 다른 사람에게는 해당되지 않을 경우가 많은 것이다.

예수님도 석가모니 부처님께서도 음식을 가리지 않고 차려진 것은 무엇이든지 골고루 잘 드셨다.

　　일단 질병에 걸린 환자나 육체적으로 결함이 있을 경우에는 식생활의 규제와 통제가 불가피한 것은 예외이다. 이렇듯 사람의 성격, 업이라는 것은 생활환경에 따라 자기도 모르는 사이에 형성되어 가는 것이다. 그 형성된 성격 안에서만 자신을 바라본다면 영혼의 격상은 기대할 수 없다.

　　업은 항상 순환(윤회)하고 있다. 평소에는 조급한 성격이 드러나지 않지만, 다급한 상황에 처하거나 마음에 거슬리는 사건을 만나면 어느새 울컥하는 성질이 나타난다. 성격의 결점을 수정하기 위해서는 반성을 통해 그 원인을 밝혀내고 용기와 노력, 지혜의 힘으로 두 번 다시 같은 잘못을 저지르지 않도록 해야 한다.

　　원인을 알게 되고 그 원인에 휘말려온 자신을 알게 되면 상대했던 사람들과 신에게 사과하지 않으면 안 되는 마음이 일어나게 된다. 지나간 잘못을 고치고 착해지는 마음이야말로 업을 극복하는 발판이 되기 때문이다. 만일 그 반성이 진심이 아니거나 혹은 반성후에 감사와 보은의 눈물(마음)이 우러나지 않는다면 그 반성은 진짜라고 볼 수 없다. 결점, 단점, 업이라는 것은 자신을 불편하게 할 뿐만 아니라 주변 사람들과의 조화를 이루기도 어렵다.

'나는 반성할 게 없어' 라고 말하는 사람이 흔히 있는데, 그런 사람은 반성의 정도가 얕거나 아직 반성이 무엇인지 그 진수를 알지 못하고 있는 사람이다.

유복하게 생활하고 있는 사람일수록 반성할 재료가 없다고 생각하지만, 그 유복한 환경이 부모의 은덕인지, 남편의 덕인지, 남편은 사회에 나가서 어떻게 활동을 하고 있는지, 부모님은 재산을 어떻게 모았는지 등등을 세밀하게 추궁해 보면 지금까지 맹목적으로 살아온 자신의 모습을 발견하게 될 것이다. 또한 자신과는 달리 가난에 시달리고, 고생하는 사람들을 생각해보면 자신의 생활 태도에 의문이 생겨날 것이다. 이와 같이 반성할 재료는 산더미처럼 많은 것이다.

바르게 반성한다는 것의 첫 번째 목적은 선정禪定이라는 반성적 명상에서 시작하여 수호령·지도령과의 대화를 거쳐 보살의 마음인 사랑과 자비의 행동을 할 수 있는 경지에 도달하는 것이다.

두 번째 목적은 선정禪定의 마음이 그대로 일상생활에 활용되는 것이다. 우리는 하루 종일 선정만 할 수는 없는 노릇이다. 가정을 꾸리고 사회의 일원으로 일해야 하기 때문에 선정은 하루의 일부분이어야 하며 동시에 하루의 활동에 동력원으로 삼아야 한다.

정정正定을 일상생활에 살려나감으로서 우리는 '여심如心'의 단계에 도달할 수 있다. 여심이란 자신의 마음을 이해한 것을 말하며, 그것은 또한 상대방의 마음을 어느 정도 읽을 수 있는 능력을 말한다.

사람의 마음과 성격은 오래 사귀어 보지 않고서는 모른다. 그러나 여심의 경지에 이르면 처음 만나는 사람이라도 의식의 정도, 성격, 생활태도 등을 금방 알 수 있다. 그리고 무엇보다도 일상생활을 안심과 기쁨 속에 보낼 수 있게 된다. 반성에 의해서 마음이 안정되면, 부동심이 길러지는데 그 부동심을 일상생활에 활용하지 않으면 정정의 의미는 반감된다.

정정은 저 세상과 가장 가까운 교류장이다. 정정에는 여러 단계가 있지만 그 단계는 중요하지 않다. 중요한 것은 마음의 조화, 안정, 지혜의 용출 등을 위해 정정을 해야 한다는 것이다.

# 인생의 길, 진화의 길

모든 경험은 나를 성장시키기 위한 하나님의
프로그램이다

하늘나라가 있다는 것을 믿어라. 당신이 나아가고자
하는 길은 자신 안에 있는 하나님이 가리키는 길이다.
험난한 길일지라도 하나님의 자녀로서 성장하기
위함이니 체험하라. 당신이 체험하는 모든 일은 지혜가
되어 마음속에 쌓인다. 또한 어떠한 사건이든 체험한
것들에 대해서는 감사하라. 설령 당신에게 고난과
고통을 주었을지라도 선물이라고 생각하라. 그것 때문에
존재하는 이 세상이라는 것을 잊어서는 안 된다.

자기라는 조그마한 마음에서 벗어나 하나님의
마음속에서 살아라. 그러기 위해서는 모든 물질에 대한
집착을 버려야 한다.

진리에 눈뜨고 정진할 때, 비로소 당신은 참다운
하나님의 자녀가 된다.

천사의 말과 글은 모두 하나님의 말씀이며 글이다.
하나님의 자녀로서 모두 나의 것이라고 받아들이라.
그리고 어떠한 일, 어떠한 장소, 어떠한 시간이라도
그때, 그 장소가 최상의 것이라고 생각하라.
그 순간이야말로 하나님의 가르침을 배울 수 있는
시간이며 장소이기 때문이다.

하나님은 빛이다.

영원히 그 모습을 볼 수는 없지만, 한순간도 쉬지 않고
당신은 하나님의 빛에 싸여 있다. 어떤 이유를 막론하고
원망, 시기, 질투, 비난, 노여움, 불평불만은 절대로
마음에 담지 마라. 그리고 인욕忍辱하는 겸손한 마음을
잊지 마라. 자신의 마음에 변명하고, 편안한 곳을 찾아
도피하려는 마음이 있는지 살피고 언제나 반성하는 삶을
살아야 한다.

우리는 모두 영靈이다.

물질세계는 잠시 머물다 가는 임시 세계이고,
물질세계의 삶은 물질의 운동에 의해서 나타나는 잔영을
좇고 있는데 불과하다. 하지만 그 잔영을 통해서 영혼의
양식이 되는 무엇인가를 배우기 위해서 '지금'이라는
시간이 존재하는 것이다.

우리는 물질세계에서 사물이나 사람이나 이념 등에
집착하기 위해서 태어난 존재가 아니다. 흘러가는
물질의 그림자를 보고 각자의 영혼을 더욱 성장시키기
위해서 태어난 존재이다.

## | 편찬을 마치며 |

　이 책은 오늘날의 형식적 종교나 우상을 받드는 종교의
잘못을 알기 쉽게 밝히고 신앙의 올바른 자세에 대해서
설명하였으며, 인생의 올바른 목적과 사명을 예수님,
석가모니 부처님의 말씀을 모아서 편찬하였다.

　오늘날 우리가 구원을 받을 수 있는 유일한 길은
지식知과 생각意으로 도금鍍金된 종교를 버리고 본래의
예수님, 석가모니 부처님의 가르침을 되찾는 길이다.

　또한, 한 사람 한 사람의 마음속에 존재하고 있는
위대한 불성佛性, 신성神性을 상실한 인류가
물질지상주의의 어리석음에서 깨어나기를 바라는
예수님과 석가모니 부처님의 의중意中을 헤아려서
편찬하게 된 것이다.

　인류는 지구상에 유토피아를 건설할 목적으로 본체를
중심으로 다섯 분신分身으로 성립되어 교대 교대로
이 세상에 내려와 영혼의 수행을 하며 진리에 맞는
생활을 통해서 영혼을 보다 고차원으로 진화시켜 나가야
한다고 예수님, 석가모니 부처님은 말씀하셨다.

이 길이 바로 신의 자녀로서 우리들의 사명일 것이다.

인간에게는 누구나 예외 없이 수호령, 지도령이 있다. 올바른 인생을 보낼 수 있도록 영혼의 형제들이 차원이 다른 저 세상에서 항상 협력하고 있다는 사실을 우리는 알게 되었으며, 사고事故, 질병 등 모든 고뇌의 원인이 부조화, 욕심, 자기보존(자기중심) 등의 어두운 상념(생각)에 기인한다는 것을 이해할 수 있었다.

우리들의 인생은 이 세상에 한정된 일회용품 같은 것이 아니다. 이 세상과 연속체인 저 세상과의 왕래를 통해서 영원히 전생윤회를 되풀이하고 있는 영원불멸의 생명이다.

이러한 사실을 독자 여러분들이 이 책을 통해서 이해하고, 그 이해된 것이 실천으로 옮겨져, 보다 고차원의 조화調和로운 삶과 사회를 구축해 나가기 위한 인생을 엮어간다면 예수님, 석가모니 부처님의 원래 목적이 이루어지는 것이 아니겠는가?

평안과 조화의 마음을 깨달아 인류가 투쟁과 파괴의 동물적 본능을 버리고 보다 좋은 사회를 구축하는데 한 마음이 된다면 지상에는 낙원 유토피아가 이루어질 것이다.

· 섭리(攝理) : 자연의 법칙, 정법, 정도, 인과응보의 법칙 등을 말하며 올바른 법에는 반드시 문증(文證), 이증(理證), 현증(現證)의 세 가지 증명이 붙는다. 특히 현증(現證=靈的現像)이 수반되게 마련이다. 일명 법력(法力)이라고도 한다. 현증은 마음이 올바른 자, 구도자(求道者), 사랑에 사는 자에 대해서 신이 부여하는 자비다. 따라서 법력 혹은 삼증이 없는 가르침은 신리(神理)가 아니다.

· 불생불멸(不生不滅) 부증불감(不增不減) : 이 말은 반야심경의 한 구절이다. 생기는 것도 멸하는 것도 불어나는 것도 줄어드는 것도 없다는 뜻이다. 영혼의 영원성을 표현한 말이다.

· 색심불이(色心不二) : 색(色)이란 형체가 있는 것, 즉 육안으로 볼 수 있는 것을 말한다. 심(心)이란 의식(意識)을 말한다. 인간은 형체가 있는 육체와 육안으로 볼 수 없는 의식을 지니고 생활한다. 불이(不二)란 둘이 아니라 일체(一體)라는 뜻이다. 색심불이의 진의는 육체와 마음의 조화를 의미하며 어느 한쪽에 기울어지지 않는 상태를 말한다. 일에 쫓겨 육체를 혹사하면 병이 난다. 반대로 게으름을 피우면 정신이 퇴화하여 사물의 판단이 부정확해진다. 오관에 마음

이 빼앗기면 육근이란 여러 악(惡)을 만들고 부조화를 초래한다. 기울지 않는 중도(中道)의 정신과 육체를 만드는 것이 이상적이며 그 이상(理想)을 한 마디로 말한 것이 색심불이(色心不二)이다. 이 말은 천태지의라는 사람이 썼다.

· 신리(神理) : 이 단어는 사전에 없다. 그 진의(眞意)는 절대의 이(理)라는 뜻, 진리(眞理)도 좋지만 진(眞)은 위(僞)의 대칭으로 상대적인 의미가 된다. 대우주를 움직이는 의사는 인간의 상대계를 초월한 부동의 큰 것이다. 이런 의미에서 신(神)의 섭리(攝理), 신의 이(理), 신리(神理)가 되었다.

· 광자체(光子體) : 영혼을 에워싸고 있는 보디(body), 영혼과 육체를 합한 것이 인간이라고 했는데 엄밀히 말하면 광자체와 육체를 합한 것이 인간이다. 죽음은 광자체와 육체의 분리이며 영혼은 광자체를 입고 저 세상에서 생활한다.

· 동물령(動物靈) : 이 세상의 동물이 죽어서 저 세상에 가면 모두 동물령이 된다. 그런데 인간에게 영향을 주는 동물령은 주로 뱀과 여우이다. 뱀, 여우는 생명력이 강인하여 지구 생활의 역사가 인류보다 길다. 그런 만큼 지상 생활에 뛰어나다. 뱀은 교활하고, 여우는 동물 본능이 강렬하다. 인간의 의식이 동물 본능에 사로잡히게 되면 이러한 동물령이 빙의한다. 그들은 지상에서는 인간과 대화할 수 없다. 사실은 할 수 있는데 인간 쪽에서 그들의 의사와 말을 이해하지 못한

다. 하지만 그들은 오히려 인간의 말과 의사를 좁은 범위이 긴 하나 읽을 능력이 있다. 개나 고양이를 길러보면 알 수 있다. 뱀, 여우가 빙의하면 인간과 마찬가지로 말을 한다. 빙의된 사람이 영매현상(靈媒現像)을 일으키면 신들린 행동을 하고 예언(주로 불행한 일)도 하며, 신의 이름을 들먹이기도 한다. 예지, 예언은 신통하게 잘 적중한다.

하지만 원래가 동물이기 때문에 진리나 법칙을 설할 수는 없다. 앞뒤가 맞지 않는다. 신(神), 교주를 자칭하는 사람이 거만하고, 존대받기를 원하고, 자기과시, 조상공양을 권하고, 물욕, 성욕 등이 유별나게 강할 때는 어김없이 동물령에 빙의되었다고 단언할 수 있다.

· 바라문교 : 배다, 우파니샤드를 성전(聖典)으로 하는 종교, 그 역사는 기원전 2천 수백 년으로 길다. 이 성전은 오늘날의 불전처럼 성자의 설법을 기초로 하여 쓰여진 것인데 그 성자는 지금부터 약 4,200여 년 전 현재의 이집트에 출생했던 크레오 파로타라는 구세주를 가르킨다. 당초의 바라문교는 인간의 마음과 대자연의 법을 설한 것이었는데 역사가 흐름에 따라 형식화되고 지식(知)과 생각(意)이 가미되어 철학화되고 말았다. 오늘날의 불교와 같은 변천사를 겪은 것이다. 석가 시대의 바라문교는 일대기성종단(一大旣成宗團)으로서 사회의 상층계급을 형성했다.

· 바라밀다(波羅蜜多) : 고대 인도말이며 원어는 바라문 교전(教典)인 파라미타(paramita)이다. 이것이 중국으로 건너가 바라밀다(波羅蜜多)가 되었다. 파라미타는 피안(彼岸)에 이른다는 뜻이다. 피안은 지혜가 충만한 평안의 세계, 의식의 광명 세계이며, 반야심경(般若心經)에서는 이것을 반야바라밀다심경(般若波羅蜜多心經)이라고 적고 있다. 그런데 석가모니 부처님 시대의 인도에서는 벌꿀(蜂蜜)이 흔치 않은 귀중품이었다. 꿀은 영양가가 높은 희귀한 식품이었으므로 석가모니 부처님은 피안을 꿀에 비유하여 자양이 풍부한 곳이라고 당시의 몽매한 중생에게 설법했다. 한문은 미타(mita)를 蜜多로 표기하고 있는데 진의(眞意)를 그대로 잘 나타낸 것이라고 할 수 있다.

· 법륜(法輪) : 대우주는 순환의 법칙에 따라 움직이고 있다. 원자의 세계도 핵을 중심으로 음외전자가 돌고 있다. 인간의 영혼도 이 세상을 다하면 저 세상에 돌아가도 다시 때가 되면 이 세상에 태어난다. 이와 같이 만생만물이 수레바퀴(輪)처럼 돌면서 질서정연하게 움직이고 있다. 이것이 법륜이다.

· 아몬 : 아가샤 이후에 나타나 신리(神理)를 설법했다. 예수 그리스도 (예수님의 본명은 임마누엘이라고 했음)의 전생의 이름

· 아수라(阿修羅) : 제악(諸惡) 가운데 권세욕, 투쟁욕의 상념

· 염불무간지옥(念佛無間地獄) : 일련(日蓮)이 한 말인데 염불행(念佛行)은 이를테면 타력(他力)이고 염불만 외면 살인자라도 극락에 갈 수 있다고 많은 사람들이 믿어왔다. 어림없는 이야기이다. 무간지옥은 캄캄한 골짜기이다.

· 육체 번뇌(肉體煩惱) : 번뇌란 미망(迷妄)을 말한다. 육체 번뇌란 육체에 매달리는 온갖 미망이며 지위, 명예, 돈, 그 밖의 온갖 집착에서 파생하는 육체 중심의 사고방식이다.

· 의식(意識) : 사람의 의식은 표면의식(表面意識), 상념대(想念帶) 잠재의식(潛在意識)으로 구분된다. 보통은 표면의식과 상념대의 작용에 의존하여 생활한다. 상념대는 매일의 상념행위를 기록하는 테이프 레코드로 심리학상의 잠재의식은 여기에 해당되는 것 같다. 하지만 또 한 사람의 자신이란 잠재의식을 가리키고 이 의식이야말로 바라밀다이며 표면의식과 잠재의식이 완전히 통해졌을 때 해탈한다. 해탈의 수행은 표면의식의 조화와 상념대의 정화(淨化)에 있다. 정화는 실천에 의해서 이루어진다.

· 집착(執着) : 자기 보존(自己保存)의 상념, 이것은 내 것이다, 나는 이러러한 일을 했다, 남이야 어떻게 되든 나만 좋으면 그만이다 등의 사고방식이 마음을 지배하고 있다.

자기혐오, 자기만족, 자기도피도 집착이다. 집착이 강하면 마음과 육체의 밸런스가 무너져서 질병에 걸릴 뿐만 아니라 대인관계, 사업 방면에도 부조화가 일어난다.

· 해탈(解脫) : 최고의 깨달음을 말한다. 일체의 집착을 끊고 자신 안에 있는 또 한 사람의 자신이 영원한 생명과 일체가 되었을 때 인연 인과(因緣因果)의 속박에서 벗어날 수가 있다. 최고의 깨달음을 얻으면 과거, 현재, 미래의 인연 인과가 분명하게 알아지고 대우주의 질서를 손바닥 들여다보듯 환하게 알 수 있다.

· 중도(中道)란? : 좌(左)나 우(右) 어느 한쪽에도 치우치지 않는 것을 말한다. 하루는 낮이 있고 밤이 있으며 결코 한쪽으로 치우치지 않는다. 공기나 물은 인류가 아무리 불어나도 줄었다 불었다 하지 않으며 수만 년 수억 년 전이나 지금이나 변함이 없다. 태양의 광열도 그 방사하는 양을 바꾸지 않는다. 인간 사회에는 남과 여가 있다. 남녀의 비율은 늘 일정하다. 전쟁, 재해 등으로 인간의 마음이 자기보존 아욕으로 기울어지지 않는 한 남녀의 비율은 균등을 유지한다.

인간의 육체도 휴식과 운동이라는 순환에서 벗어날 수 없다. 밤잠도 자지 않고 일에만 열중하면 육체적 고장이 생기고 정신적 균형을 잃게 된다. 모든 생명, 물질은 중도에서 벗어나서는 유지될 수 없도록 틀이 짜여 있다.

신은 조화라고 하는 중도(中道)속에 만생만물을 살리고 있다. 대우주를 완벽한 균형에 의해 살 수 있게 했다.

　　인간이 향유한 자유의 권능을 함부로 행사하고 중도에 거스르는 창조행위를 하면 그 분량만큼 반작용이 수반되도록 틀을 짜놓았다. 그렇게 함으로써 신과 인간의 관계가 유지되고 조화라는 영원한 목표를 향해 전진할 수 있도록 설계되어 있는 것이다

　　대자연의 질서는 치우치지 않는 중도의 마음이다.